ALISIO
L'éditeur des voix qui inspirent

Suivez notre actualité sur **www.alisio.fr** et
sur les réseaux sociaux LinkedIn, Instagram,
Facebook et Twitter !

Alisio s'engage pour une fabrication éco-responsable !
Notre mission : vous inspirer. Et comment le faire sans participer
à la construction du meilleur des futurs possibles ?
C'est pourquoi nos ouvrages sont imprimés sur du papier
issu de forêts gérées durablement.

Suivi éditorial : Sophie Garcin
Relecture-correction : Emmanuelle Pavan
Maquette : Jennifer Simboiselle
Illustrations intérieures : Adobe Stock
Design de couverture : 99designs

une marque des éditions Leduc
10, place des Cinq-Martyrs-du-Lycée-Buffon
75015 Paris
ISBN : 978-2-37935-273-7

ISABELLE DÉPATIE

LE MANAGER
— EST UN —
VOYAGEUR DU TEMPS

APPRENEZ DU PASSÉ, SOYEZ À L'ÉCOUTE DU PRÉSENT ET VISUALISEZ LE FUTUR

À tous les managers passionnés qui ont envie de stimuler l'engagement de leur équipe et aller au-delà de la normalité.

ALISIO

SOMMAIRE

Introduction 7

PARTIE 1 : APPRENDRE DU PASSÉ 17
Apprendre à se connaître 21
Créer et structurer son équipe 63

PARTIE 2 : ÊTRE À L'ÉCOUTE DU PRÉSENT 107
Se connecter 111
Guider son équipe 145

PARTIE 3 : VISUALISER LE FUTUR 187
Se développer 191
Leader 215

Conclusion 269
Remerciements à Leslie Jacquet 271
Table des matières 273

INTRODUCTION

On ne devient pas manager en un jour.

C'est ce que j'ai compris dans ma carrière. Au fur et à mesure des échelons que j'ai gravis, j'ai réalisé qu'il ne suffisait pas de devenir manager pour l'être. À chaque étape que l'on franchit, surgissent de nouvelles interrogations, de nouveaux défis et un besoin constant d'apprendre.

J'ai commencé ma carrière dans l'industrie, avant de travailler en start-up, en scale-up (ces start-ups qui ont réussi à croître) et dans des PME, dans plusieurs pays. D'abord engagée par Bombardier aviation comme technicienne des méthodes, j'ai défini les étapes d'assemblage des avions, avant de cheminer vers la physique pour devenir ingénieure. J'ai alors travaillé chez IBM, multinationale qui compte plus de 270 000 employés, et développé entre autres la solution thermique de la PlayStation III pour le centre de compétence Sony/Toshiba/IBM. J'ai rejoint par la suite le monde des start-ups, avec pour but de créer des piles à combustibles hydrogène, des solutions en intelligence artificielle et, aujourd'hui, des composants de détection pour les voitures autonomes.

Je me souviens de la façon dont je suis devenue manager. J'ai été promue au poste de mon ancien patron, dont le siège était vacant après une restructuration.Quand je suis arrivée, bien que j'avais pour moi mes compétences techniques, je me suis retrouvée un peu désemparée face à cette nouvelle position de manager que j'allais devoir occuper. Je pensais qu'on me guiderait, qu'un accompagnement spécifique serait mis en place, qu'on me fournirait peut-être même un « guide du manager ». Rien de tout cela. Dans les procédures auxquelles j'avais accès, je voyais bien écrit « demandez à votre manager », mais jamais aucune mention d'un support écrit qui m'aiderait dans ma tâche... Cela n'existait pas. Alors à présent que je me trouvais dans cette position, qu'allais-je apporter comme réponses aux questions de mon équipe ? « Demandez à votre manager » ?!

Dès le premier jour, j'ai été hantée par le souci de fournir du bon travail. À 16 ans déjà, je m'étais fait la promesse d'être excellente si un jour j'avais la chance de devenir patron. À cet âge-là pourtant, on pense d'ordinaire à bien d'autres choses... Mais j'avais vu l'impact qu'un changement de management peut avoir sur la vie d'un employé. En l'occurrence, de ma propre mère. Elle qui prenait un plaisir fou dans son travail, qui était engagée et faisait même des heures supplémentaires, incarnait un modèle pour moi. Et pourtant, à partir du jour où elle a changé de chef, son moral s'est terni peu à peu. Jusqu'à faire un *burn out* moins d'un an après. Le seul changement avait été son gestionnaire, le directeur général. Je suis restée marquée par cet épisode et me suis fait la promesse de devenir un jour une bonne manager.

Quand ce jour est arrivé, j'ai donc pris au sérieux ma responsabilité, tout comme j'ai pris le temps d'observer. Observer la manière dont j'avais fait les choses avant, notamment quand j'avais développé la solution de dissipation thermique de la PlayStation III, qui avait bien fonctionné. Pourquoi ne pas l'appliquer au management ? J'ai pris le temps de tester, d'ajuster ma méthode et d'apprendre. Car pour remplir ma mission de manager, c'est-à-dire organiser un groupe à l'intérieur d'une structure pour atteindre des objectifs communs, j'ai dû mettre au point cette manière de fonctionner, mais aussi de nouveaux talents. Et Dieu sait si j'ai fait des erreurs ! Mais, grâce aux retours de mes équipes, j'ai pu, petit à petit, viser à m'améliorer.

Comment ai-je appliqué ce que j'avais appris dans mon métier à mes nouvelles fonctions de manager ? Comme il n'existait pas vraiment de formation générique pour devenir un bon manager, j'ai utilisé les aspects de ma formation initiale dans mon apprentissage du métier de gestionnaire. Diplômée en génie physique de l'université Polytechnique Montréal et en construction aéronautique de l'École nationale d'aérotechnique du Canada, j'ai commencé à établir des parallèles avec la physique pour m'aider à comprendre le management. En tant qu'ingénieure physicienne, j'ai toujours cherché à saisir la nature des choses pour en extraire tout leur potentiel. Et au fil des années, j'ai fini par développer un vocabulaire inspiré de la physique, imagé et simple, que tout manager peut mettre en application dans son quotidien.

J'ai remarqué que, grâce à ce vocabulaire, il m'était beaucoup plus facile de m'adapter, d'expliquer les défis en jeu et de ne pas porter de jugement. Je l'ai enrichi au fur et à mesure des retours de mes équipes, avec qui je partageais mes observations. D'autant que mon parcours était illustré dans des milieux si divers que des multinationales, des start-ups, des scale-ups et des PME, j'ai donc expérimenté des facettes extrêmement diverses du rôle du manager en entreprise. Et j'ai dû m'adapter aux cultures et spécificités liées à chaque pays dans lequel j'ai été amenée à diriger des équipes : Canada, France, Royaume-Uni, Dubaï, Japon, Chine et Taïwan.

Vous êtes peut-être devenu manager ou chef d'équipe signifie parce que vous possédiez une expérience et un talent, ou peut-être simplement que vous étiez là au bon moment. Si vous êtes manager, c'est en tout cas que vous êtes a priori qualifié ; et si vous avez l'impression de ne pas l'être encore complètement, comme cela a pu être mon cas, votre force sera de savoir apprendre le métier.

C'est dans cet objectif que je vous livre ici tous mes secrets, la méthode que j'ai mise au point à partir de principes scientifiques, les analyses que j'ai menées avec toutes mes équipes à travers le monde, les actions que j'ai mises en place et, bien sûr, les lectures dont je me suis enrichie. Dans ce livre, je partage avec vous tous les conseils que j'aurais aimé avoir quand j'ai commencé ma carrière de manager et que j'aurais aimé trouver dans ce fameux « guide du manager ». Ce livre, je l'ai donc conçu comme un outil qui vous mènera vers l'excellence, un guide des managers qui réussissent. Parce que je l'ai voulu comme une référence qui vous aide non seulement à devenir un bon manager, mais aussi un leader. À noter que le choix du mot manager n'a pas été simple, puisqu'il ne signifie par la même chose dans tous les milieux francophones, et qu'il s'agit d'un anglicisme. C'est le mot qui semblait cependant le plus usuel à travers le monde pour parler des personnes qui dirigent des groupes, des équipes.

LA CLÉ, C'EST LE TEMPS

Dans ma pratique, au fur et à mesure que j'appliquais des principes physiques à ma façon de manager, je me suis rendu compte qu'on négligeait souvent une dimension fondamentale : le temps. On regarde les événements de façon relativement fixe, sans considérer le recul que le temps peut nous apporter.

Pourtant, nous vivons dans un monde qui évolue et qui se doit d'évoluer. Les situations et les relations sont dynamiques, la réalité professionnelle d'aujourd'hui ne sera pas celle de demain, la vie avance constamment. C'est d'ailleurs pour cette raison que, pour soi-même comme pour ses équipes, on va chercher à s'adapter et à se développer. Si votre entreprise fait du surplace, c'est en fait souvent que vous reculez devant la compétition.

Dans leur livre *The Time Paradox*, Philip Zimbardo et John Boyd utilisent la métaphore du poisson : tout comme les poissons peuvent ignorer l'existence de l'eau dans laquelle ils nagent, **la** plupart d'entre nous ignorent le temps qui s'écoule. Or, à partir du moment où l'on le prend en considération, on s'ouvre à tout un monde d'opportunités et de réflexion, de pistes d'organisation et de solutions. On apprend à penser complètement autrement. C'est en comprenant comment s'inscrire dans le temps que l'on parvient à s'organiser et à organiser son équipe, à identifier les activités stratégiques, à anticiper le calendrier pour atteindre les objectifs, à cerner les besoins et les défis du futur. Et plus votre niveau de gestion augmentera, plus on vous demandera de visualiser un futur lointain.

C'est pourquoi un manager doit nécessairement voyager dans le temps. Peut-être pas comme on l'imagine dans les films mais, pour prendre de bonnes décisions et orienter son équipe, il doit posséder ces trois talents : apprendre du passé, être à l'écoute du présent et visualiser le futur.

Comment faire pour acquérir puis cultiver ces talents ? Pas de panique ! Je vais tout vous expliquer dans ce livre. Et vous verrez à la fin que vous serez plus réaliste et concret dans l'action et que vous aiderez votre équipe à atteindre des objectifs de plus en plus grands, tout en prenant en compte une situation évolutive. Je vais montrer comment passer du manager inconscient et débordé, que nous avons souvent tendance à être, au manager structuré, équilibré et proactif.

Pourquoi proactif ? Parce que c'est un point-clé. Vous est-il déjà arrivé de chercher vos clés ou votre téléphone avant de partir de la maison alors que vous étiez déjà en retard ? Eh bien, dans la vie professionnelle, c'est souvent pareil : on ne cherche pas de la bonne façon, on est stressé et on tourne en rond. C'est ce qu'il se passe quand nous devons faire face à des urgences au travail. En étant proactif, en préparant ses équipes à anticiper les besoins, on réduit le nombre d'urgences. Et ce qui n'est pas un mince acquis dans nos sociétés où tout va de plus en plus vite.

> *Voyager dans le temps est la clé pour réussir en tant que manager et leader.*

LE GUIDE DU VOYAGEUR

Partant de ce constat et après m'être enrichie de beaucoup de lectures sur le leadership et le management, j'ai donc mis en place ma propre méthode. Une méthode axée sur le pouvoir du temps et inspirée de la physique et des sciences.

Au fil des années, je l'ai façonnée, testée, remodelée et complétée par les retours de mes collaborateurs. Je l'utilise pour m'aider dans mes tâches quotidiennes de directrice sénior. Elle s'applique à tous les types de managers, que vous soyez chef d'équipe, manager, directeur de département, directeur général, ou CEO – ou tout cela au féminin, bien sûr. À toutes les étapes de votre carrière, à tous les changements de poste, vous aurez des défis d'échelle différents, mais les concepts fondamentaux resteront les mêmes. Chacun possédant son propre style, je ne vous propose pas de changer fondamentalement qui vous êtes, mais de vous donner des conseils, des outils utiles et pratiques, des exemples concrets, des exercices, des mises en situation, ou encore des tests.

Quel que soit votre profil, avec cette méthode, je veux vous aider à devenir un manager exemplaire, que je définis comme un leader. Je vous montre comment entrer rapidement et efficacement en fonction, ou, si vous êtes plus expérimenté, à utiliser l'outil du temps pour développer votre carrière et votre équipe. Le tout en conservant un équilibre entre travail et vie personnelle. Car il se peut même que ma méthode vous aide au-delà de votre travail ! Sur mon blog, où je donne des trucs et astuces[1], mes lecteurs me disent en effet que mes conseils les éclairent dans leur vie personnelle, avec leurs enfants ou encore leur conjoint.

DU PASSÉ VERS LE FUTUR

Pour voyager dans le temps, nous allons le décomposer et considérer chaque point de vue : passé, présent et futur. Un peu comme si, à un même endroit, nous regardions plusieurs directions, plusieurs angles différents.

À chacun de ces points de vue correspond l'un des trois talents que vous allez acquérir :

- **Apprendre du passé :** Apprendre à se connaître et structurer son équipe pour mieux interagir avec les autres est le point de départ de la construction du manager.
- **Être à l'écoute du présent :** Apprendre à communiquer et créer des relations saines et fortes pour guider son équipe sont les atouts d'un manager ancré dans le temps présent.
- **Visualiser le futur :** Planifier le futur, développer les éléments stratégiques, créer des objectifs pour prendre des décisions et leader son équipe dans une direction commune.

---

1. *laclecestletemps.com*. N'hésitez pas à y faire un tour, vous y trouverez de bons compléments à ce livre.

Nous allons ainsi suivre la flèche du temps :

PASSÉ	PRÉSENT	FUTUR
Se connaître et structurer son équipe	**Se connecter et guider son équipe**	**Se développer et leader son équipe**
Apprendre à se connaître et structurer son équipe pour mieux interagir avec les autres	Apprendre à communiquer et créer des relations saines et fortes avec le temps	Développer les éléments stratégiques, créer les objectifs, planifier le futur, afin que son équipe soit en mesure de prendre des décisions et se développer dans une direction commune

Et vous verrez, vous allez être constamment en mouvement : vous allez d'abord revenir sur vous-même avant de vous projeter au sein de votre environnement professionnel. Vous allez acquérir des habitudes et apprendre, à chaque fois, à vous ajuster en fonction d'un nouveau point de vue. Vous saurez notamment comme moduler votre fréquence et votre vitesse, grâce à votre énergie disponible, pour faire en sorte d'être sur la même longueur d'onde que les autres.

Alors, prêts pour le voyage ?

PARTIE 1

APPRENDRE DU PASSÉ

Le passé est le socle du voyageur du temps, celui de la connaissance. Il vous aide à comprendre qui vous êtes et à poser les bases d'une structure qui fonctionnera par la suite. Car le manager doit créer une unité cohérente pour former une équipe gagnante et efficace, et évoluer. En premier lieu, vous allez donc chercher à bien vous connaître, vous allez apprendre à structurer votre département par un système d'intelligence propre et des processus solides et à asseoir vos responsabilités. Comme un sportif bien ancré sur ses deux pieds, un manager qui réussit commence par s'assurer de ses appuis.

APPRENDRE À SE CONNAÎTRE

Impossible de bien s'entourer et de développer son équipe si l'on ne se connaît pas d'abord. Or êtes-vous bien sûr de vous connaître ? On ne prend pas souvent le temps de faire le point : avez-vous identifié votre état naturel ? vos spécificités dans le travail ? Savez-vous vous positionner au sein de votre entreprise ?

Première étape : vous allez commencer par identifier le type de manager que vous êtes pour comprendre ce que l'on attend de vous.

LES 4 TYPES DE MANAGER

Pour attirer les candidats, on donne souvent des intitulés flatteurs aux postes. Dans les start-ups par exemple, on trouve un nombre impressionnant de chefs ! Ou de « C-level », comme on les appelle. Mais dans les faits, ces intitulés ne sont pas toujours alignés avec les responsabilités.

On peut aussi trouver que des niveaux flous ou combinés, des responsabilités déterminées davantage en fonction des individus, de leurs intérêts, de leurs compétences et affinités que du niveau de gestion, ou bien encore une interprétation d'un titre et de ses responsabilités qui varie d'une entreprise à l'autre. Et dans les cas de mise au placard à cause d'une restructuration ou d'un rachat, il n'est pas toujours évident de comprendre les responsabilités du ou des malheureux… Ce n'est souvent qu'avec le temps et l'observation que l'on arrive à comprendre comment les stratégies et décisions sont prises dans l'entreprise.

Dans tous les cas, ce qui doit rester constant pour le manager, c'est sa mission : organiser un groupe de personnes au sein d'une structure pour atteindre des objectifs communs. Ensuite, les différents niveaux de gestion qui existent ne sont là que pour diviser le travail en tâches effectuables par chaque individu au sein de la grande équipe qu'est l'entreprise.

Alors avant de choisir un nouveau poste, il est essentiel de bien saisir toutes les subtilités des positions. Je distingue donc ici les quatre grands types de managers qui existent.

Le manager chef d'équipe

Généralement, c'est une personne qui a démontré ses compétences techniques ou professionnelles. Son expérience fait de lui une personne que l'on suit et à qui l'on fait confiance pour ses décisions techniques et opérationnelles.

La responsabilité principale de ce type de manager est de favoriser la connexion entre les membres de l'équipe qu'il dirige et de coacher les uns et les autres. L'important étant de bien définir les frontières et responsabilités afin que les membres de son équipe puissent s'acquitter de leur mission le plus efficacement possible.

À ce niveau de gestion, le manager doit donc être capable de :

- Faire de la planification et de la gestion de projet ;
- Gérer et animer les réunions ;
- Définir les objectifs et mettre en place des processus efficaces pour son équipe ;
- Prioriser et dire non ;
- Définir les rôles et sélectionner des profils ;
- Déléguer ;
- Mettre en place l'évaluation de la performance générale de son équipe ;
- Évaluer vos collaborateurs, les motiver, les coacher et faire de la gestion de conflit ;
- Communiquer la vision de l'entreprise, la façon dont elle s'applique à son équipe.

« SENIOR » ET « HEAD OF »

Dans certaines grandes entreprises, il est possible qu'il existe un niveau intermédiaire entre le chef d'équipe et le supérieur, le manager fonctionnel, comme les « Senior managers » ou les « Head of ». Dans ce type de poste, en plus de toutes ces compétences, il faut idéalement ajouter un domaine d'expertise.

Le manager fonctionnel

Il s'agit souvent d'un directeur de département. Il est responsable d'un champ de domaines et d'expertises plus large, même s'il n'est pas expert de chacun d'eux. À ce niveau, il travaille un peu plus dans l'abstraction et à une échelle de temps plus éloignée, laissant aux managers la possibilité d'organiser opérationnellement les projets et les actions. Il commence à participer aux discussions stratégiques au niveau de l'entreprise et à prendre beaucoup plus de décisions tactiques.

À ce niveau de gestion, le manager doit donc être capable de :

- Bien comprendre l'impact de sa fonction par rapport aux objectifs de l'organisation, et ce en considérant plusieurs perspectives. Le défi est d'apprivoiser la complexité.
- Intégrer des domaines d'expertise différents.
- Développer sa capacité à comprendre et à intégrer rapidement de nouvelles données pour les intégrer à la vision stratégique.
- Intégrer ces données à l'action en restant connecté avec les autres départements.
- S'assurer que les projets stratégiques sont cohérents entre les départements.
- Se connecter aux autres pour les faire évoluer. Être un guide ainsi qu'une oreille attentive.
- Se préparer aux enjeux futurs de l'organisation (anticiper les besoins, les obstacles, les défis). Se projeter de plus en plus loin et préparer son équipe.
- Bien communiquer, à l'intérieur et à l'extérieur de l'organisation.

Le manager business

Il s'agit souvent d'un responsable de « business unit », soit en fonction d'une région géographique, soit en fonction d'une gamme de produits. Il jongle avec l'ensemble des aspects stratégiques, organisationnels, et humains.

À ce niveau, il doit répondre de chiffres d'affaires, profits et bénéfices et le regard porté à l'intérieur et à l'extérieur de l'entreprise est très important. Il faut comprendre son industrie, le marché et bien l'intégrer dans ses réflexions.

Le niveau de complexité continue d'augmenter puisqu'il peut chapeauter plusieurs départements comme la R&D, la production, le marketing, les ventes, les ressources humaines, le juridique, les finances... Décisions stratégiques et tactiques sont son quotidien.

À ce niveau de gestion, le manager doit donc être capable de :

- Analyser le marché et développer des stratégies adéquates.
- Préparer l'organisation pour atteindre les objectifs définis avec le CEO.
- Identifier les enjeux et les relever avec l'aide de ses équipes.
- Équilibrer les besoins à court et long termes en allouant les ressources ; arbitrer les priorités.
- Faire des profits.
- Créer les bonnes fonctions/départements.
- Coacher, guider, aider les dirigeants d'unités et organiser les éléments communs entre les différentes unités supervisées.

- S'assurer que la structure de sa division est claire pour tous, que les systèmes, processus clés sont efficaces. Identifier les indicateurs de performance pour stimuler l'amélioration continue et la réduction des pertes.
- Apprendre à équilibrer les intérêts de son unité avec ceux de l'ensemble de l'organisation.
- Aligner les activités avec la vision globale de l'entreprise.

GROUP BUSINESS MANAGERS ET VP

Là aussi, il arrive dans certaines grandes entreprises qu'un niveau intermédiaire fasse le lien entre le manager business et le CEO, comme les « Group business managers », ou les « VP » (*vice-présidents*). Ceux-là ont les mêmes fonctions, sauf qu'ils ne font pas mais supportent et ne définissent pas mais valident.

Le manager exécutif et CEO

Le CEO est responsable de la croissance continue et de la profitabilité de l'entreprise. Il est entouré de son équipe exécutive, composée, selon la taille et le type d'organisation, de managers business – ou, à défaut, fonctionnels.

À ce niveau de gestion, le manager doit donc être capable de :

- Donner une vision et une mission claire et stable de son entreprise.
- Garantir la croissance et la pérennité de l'organisation en respectant la mission/vision et les valeurs de son entreprise.
- Identifier la structure, équilibrer les objectifs à court et long termes (comme à tous les niveaux de gestion).
- Avoir une vue d'ensemble.
- Inspirer et rallier les troupes.
- Laisser la place à ses équipes pour mettre en place les stratégies, tactiques et éléments opérationnels.
- Avoir une excellente écoute et poser des questions pour bien analyser la complexité de son organisation et l'aider à évoluer.
- Connaître l'ensemble des acteurs externes influents comme les clients, les partenaires, les concurrents, le conseil d'administration, les fournisseurs, les investisseurs, la branche du gouvernement en lien avec son industrie...

Que gérer selon son profil ?

Chacun de ces quatre types de managers aura des décisions à prendre, de l'opérationnel au stratégique. Que recouvrent ces champs ?

- **Décisions opérationnelles :** Concernent l'exploitation, les opérations courantes de l'entreprise (ex. : échéances, dates de réapprovisionnement, etc.).
- **Décisions tactiques (ou administratives) :** Concernent la gestion et l'utilisation des ressources et du capital humain (ex. : décider d'acquérir

des brevets, d'organiser des formations pour les employés, de faire des partenariats pour accélérer la mise en marché, etc.).

- **Décisions stratégiques :** Concernent les relations de l'entreprise avec son environnement, son industrie et ses clients (ex. : prendre la décision de produire un nouveau produit pour un nouveau marché).

En passant un niveau de gestion, le type de décisions évolue de l'opérationnel vers le stratégique : le chef d'équipe prendra 10 % de décisions stratégiques ; le manager business, 50 % ; et le CEO 90 %. Voici un schéma pour bien comprendre :

DIFFÉRENTES POSITIONS

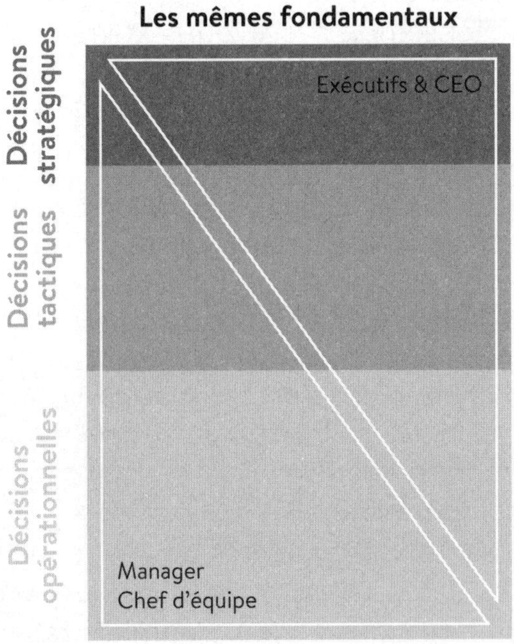

Il se peut que votre expertise soit mise à contribution pour des décisions stratégiques même si ce n'est pas votre niveau de gestion, ou pour déterminer une sous-stratégie à la stratégie mère. Dans tous les cas, en fonction des décisions stratégiques qui seront prises au niveau de gestion supérieur, votre responsabilité sera de prendre des décisions tactiques et opérationnelles alignées avec la structure et les capacités de votre équipe. Donc à chaque décision stratégique des niveaux supérieurs, pensez à ses répercussions sur votre équipe.

Dans les petites entreprises, la stratégie, les tactiques et les décisions opérationnelles sont souvent prises par la même personne. En cas de changements opérationnels fréquents, cela peut donner l'impression que la stratégie change, même s'il n'en est rien. L'effet sur l'équipe est alors assez négatif, car les dirigeants donnent l'impression qu'ils ne savent pas où ils vont. D'où l'importance, lorsque vous présentez la nouvelle stratégie à votre équipe, de bien identifier la part stratégique de votre décision et de la séparer des aspects tactiques et opérationnels.

Dans tout cela, l'objectif n'est donc pas forcément de devenir CEO pour progresser dans sa carrière de manager. Chaque niveau recèle des défis différents et il est tout à fait possible de ne pas être intéressé par ceux de tous les niveaux. Il existe en réalité plusieurs moyens de progresser et l'un des premiers est d'abord d'apprendre à se connaître.

CONNAÎTRE SON ÉTAT NATUREL

Nous avons tous des biais et des tendances naturelles, des réflexes qui se sont forgés avec le temps, qu'on répète souvent sans réfléchir car ils nous demandent peu d'énergie lorsqu'on passe à l'action. Ces réflexes constituent notre état naturel.

Une question d'énergie

Prenons un exemple en physique pour mieux le comprendre. Tout système possède une énergie minimum. Imaginez une balle qui dévale une chaîne de montage.

L'état 1 représente un moment où la balle est stable, et donc dans un état d'énergie minimum. Un peu comme notre état naturel habituel. Pour changer de position, la balle a besoin d'énergie, d'effort. Elle doit donc travailler pour passer à l'état 2.

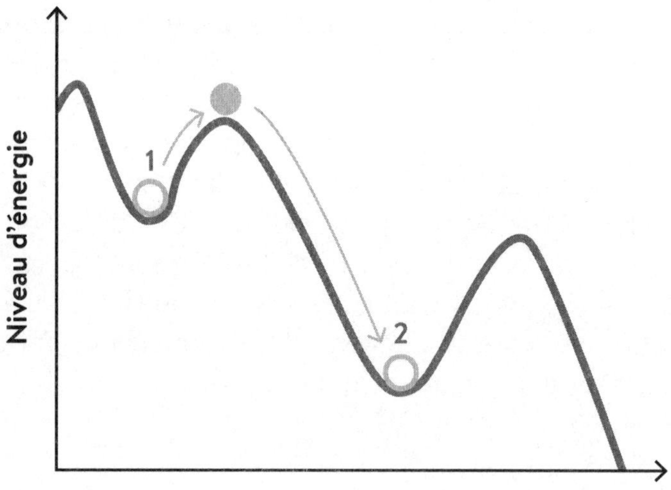

Nous sommes comme la balle : nous avons tendance à rester dans un état qui nous demande le minimum d'énergie car il est confortable, et ce même s'il existe un autre état stable un peu plus loin qui pourrait être intéressant aussi. Or, nous n'en avons pas conscience car nous n'avons pas de visibilité sur l'état suivant (comme ici caché par la montée à gravir), mais cet état confortable peut nous limiter. Et il est parfois nécessaire de le changer pour atteindre de nouveaux objectifs et besoins.

Par exemple, votre collègue est toujours en retard : son état naturel est de fonctionner à la dernière minute. Pourquoi ? Parce que s'organiser et partir plus tôt lui demande une énergie supplémentaire. Plutôt que de faire un effort, il préfère donc arriver en retard. Nous avons chacun ces états naturels, même si ce n'est pas très agréable à accepter.

L'état naturel positif ou négatif

Difficile d'imaginer que votre état naturel puisse être négatif. Et pourtant... J'ai remarqué que l'état naturel le plus récurrent est celui où vous vous trouvez en surcharge continuelle. Pourquoi choisir cet état alors ? Car il semble au contraire énergivore et personne n'aime être surchargé. Détrompez-vous ! Cet état possède certains avantages comme vous empêcher de sentir le vide et de n'avoir rien à faire, vous donner le sentiment d'être utile et irremplaçable ou vous faciliter le fait de dire non (car il est plus facile de dire que l'on manque de temps que de donner la véritable raison).

En réalité, chaque état possède ses avantages : l'état naturel « fatigué » est un bon moyen d'être moins exigeant avec vous-même ; l'état « cynique » permet de vous sentir intelligent sans avoir à passer à l'action et empêche les autres de vous critiquer, puisque vous avez pris les devants. Et si vous conservez cet état, c'est qu'il vous apporte quelque chose, surtout un besoin minimal en énergie.

Même un état naturel positif peut avoir un effet pervers ! Par exemple, si vous êtes naturellement d'un tempérament optimiste, vous pouvez limiter votre vision de la réalité. En vous arrangeant pour garder vos « lunettes roses », vous pensez ne pas avoir besoin d'améliorer la situation, car « tout va bien ! ».

Que votre état naturel vous semble bon ou non au premier abord, il peut donc avoir des effets positifs et négatifs. Un état naturel est une tendance dominante, et plus on est conscient de cette tendance, plus on sera en mesure de lancer une action quand elle nous nuira. Mais avant de chercher à en changer, il est nécessaire de commencer par connaître votre état naturel. Voici un test pour vous aider dans cette tâche.

QUEL EST MON ÉTAT NATUREL ?

	Surchargé, fatigué	Irrité, cynique, frustré	Pessimiste, anxieux, inquiet	Fier, optimiste, organisé	Passionné, énergique, motivé	Accompli, joyeux	*(Ajouter la mention qui vous caractérise)*
Lorsqu'on me demande comment ça va, je réponds souvent…							
Votre ami vous propose de commencer un nouveau projet avec lui, vous vous sentez…							

Votre patron vient de vous déléguer une nouvelle responsabilité, vous êtes…							
Votre collègue préféré vous annonce qu'il va quitter l'entreprise, la première sensation qui survient…							
Il vous manque une information pour terminer votre travail, vous vous sentez…							
Une urgence survient encore une fois au travail, vous vous sentez…							
À la fin d'une journée de travail, vous vous sentez…							
À la fin d'une semaine de travail, vous vous sentez…							
Pendant le week-end, vous vous sentez souvent…							
Vous pensez à préparer vos prochaines vacances, vous vous sentez…							
Vous êtes en pleine journée de ski/randonnée/activités que vous aimez faire avec des amis, vous vous sentez…							
Vous faites votre épicerie, vous vous sentez…							
Vous faites le ménage de la maison, vous vous sentez…							
On vous demande de faire une nouvelle tâche de plus au travail, vous vous sentez…							
Il est temps de sortir faire une activité (aller au sport, yoga, leçon de piano…), vous vous sentez…							
Votre famille vous appelle pour de l'aide, quelle est votre première sensation ?							
Votre patron vous présente son plan pour la suite, vous vous sentez…							
C'est le temps des évaluations annuelles, comment vous sentez-vous ?							
Il faut présenter les résultats/un statut de votre projet, vous vous sentez…							
Vous devez présenter ou créer un plan en équipe, vous vous sentez…							
Quelqu'un vous demande de suivre un processus/une procédure, vous vous sentez…							
Je suis la seule personne qui semble comprendre la situation, vous vous sentez…							
Il faut mettre en place et créer un processus/un système/une procédure, vous vous sentez…							
TOTAL							

INSTRUCTIONS
Mettez un X là où vous sentez que c'est l'émotion qui survient le plus souvent, régulièrement. Vous pouvez mettre plus d'un X à chacune des lignes. Additionnez et regardez si vous avez une tendance naturelle.

Comment changer son état naturel ?

L'état par défaut n'est pas un problème en soi, c'est une donnée. Le problème serait de penser qu'il ne peut être changé – ou pire encore, ne pas savoir qu'il existe. Si vous le subissez et vous aimeriez ne plus être surchargé par exemple, vous pourrez le changer en investissant un peu d'effort.

J'ai une amie qui a par exemple pour état naturel la dévotion, en l'occurrence en prenant particulièrement soin de sa famille. Elle s'est mis en tête que pour être une bonne mère, il faut constamment se préoccuper du bien-être de ses enfants. Impossible pour elle de ne pas être envahie par cette charge mentale. Par conséquent, ses enfants passent avant ses propres besoins. Avec les années, elle en a même oublié d'écouter ses besoins et de laisser libre cours à ses passions ; mais aujourd'hui, ses enfants ont grandi et ils ont moins besoin d'elle.

Elle ressent donc le besoin de changer d'état naturel, de penser à elle et de chercher un meilleur équilibre. Vous vous dites peut-être qu'il est évident que mon amie aurait pu changer un peu pour atteindre un meilleur équilibre personnel. Il est bien sûr possible d'être une bonne mère sans penser à ses enfants constamment sans répit. Et pourtant, impossible pour elle d'imaginer sa vie autrement...

Là où il est donc intéressant d'intervenir, de chercher à changer son état naturel, c'est quand vous sentez qu'il vous limite. Au travail, vous sentez-vous souvent surchargé, fatigué, négatif ou cynique ? Si oui, ces états vous empêchent peut-être de viser des projets et des postes plus importants dans votre entreprise. Pour poser un diagnostic, posez-vous les questions suivantes :

- Vous limitez-vous ? Par exemple, dans le développement d'une relation plus proche avec votre patron, pensant que vous devez garder une distance.
- Pourquoi pensez-vous être souvent dans un état particulier ? Par exemple, en étant cynique, cela vous donne-t-il un sentiment de lucidité que les autres n'ont pas ?
- Ressentez-vous le besoin de cacher des choses ? Par exemple, en ne collaborant pas ou en ne partageant pas les informations avec vos collègues, cherchez-vous à cacher ce que vous pensez être vos limites ? Si vous êtes perfectionniste, c'est peut-être pour vous un moyen de ne pas vous faire pointer vos erreurs ou vos oublis.

Si vous n'aimez pas l'émotion, les comportements qui reviennent souvent dans votre vie, si vous les trouvez négatifs, si vous en souffrez, c'est là qu'il faut chercher à changer votre état naturel.

Comment faire ? Je vais vous donner un exemple. Mon état naturel a toujours été d'être dans l'action. Si je ne fais rien, je culpabilise d'avoir perdu mon temps. Or on ne peut pas toujours être en action, il faut un équilibre. Depuis un certain temps, je travaille donc à inclure des pauses dans mes journées de travail, des temps de détente. Je m'encourage avec des mantras tels que : « Prendre une pause fait partie du travail. » Cela me permet de recharger les batteries et d'être plus ouverte aux suggestions et émotions des autres. Je travaille donc à changer mon état naturel – et je ne vous cacherai pas que ce n'est pas facile. Alors, voici quelques astuces pour vous aider.

CHANGER SON ÉTAT NATUREL

- Remettez les choses à plat. Si vous êtes surchargé par exemple, redéfinissez ce qu'est une charge de travail normale et adaptez vos tâches.

- Utilisez le pouvoir de la répétition : changez de routine ! Par exemple, à chaque fois que vous êtes cynique, dressez une liste de 5 gratitudes, 5 choses dont vous êtes heureux dans votre vie.

- Demandez à vos collègues, votre conjoint ou vos amis de vous dire si votre état naturel est négatif.

- Faites appel à un coach.

- Soyez patient. Passer d'un état à l'autre prend du temps et il est possible que ce soit inconfortable au départ, mais une fois que vous aurez trouvé votre nouvel état naturel, vous vous sentirez mieux que dans votre état naturel initial.

PROCRASTINER

Autre tendance naturelle majeure et qui touche à peu près tout le monde à un moment ou à un autre : la procrastination. Ou lorsqu'une tâche qui devrait avoir déjà été faite ne l'est pas.

C'est un outil incroyable d'écoute et de compréhension de nous-même. Comme je suis d'une nature plutôt active, certains de mes amis pensent que je ne procrastine jamais et qu'il est possible de ne pas procrastiner. Pourtant, il m'arrive régulièrement de procrastiner. Même les plus organisés et disciplinés procrastinent !

Car, oui, c'est normal et fondamental. Quand on procrastine, on reporte dans le futur. Et, contrairement aux apparences, ce n'est pas toujours une mauvaise chose... Procrastiner peut en effet nous aider à mieux gérer notre temps et prendre la bonne décision pour la suite. C'est aussi parfois le signe que l'on n'est pas prêt et qu'il faut faire autre chose avant de commencer. Derrière la procrastination, se cache souvent une cause invisible, la procrastination est donc le signe que l'on doit s'écouter. Procrastiner est naturel ! Il faut juste trouver la bonne dose et être à l'écoute de ce que cela nous apporte.

> « *La procrastination est la partie visible d'une cause invisible.* »

Cela étant dit, je vous donne quelques astuces pour réussir à apprendre de votre tendance à procrastiner et à la dépasser.

Comment ne plus procrastiner ?

Se remotiver

Quand on procrastine, il peut arriver que l'on ne comprenne pas la raison d'une tâche. Il y a dans ce cas un manque de sens. Cherchez alors le sens, car pourquoi accomplir une tâche qui n'aurait pas de sens ou d'intérêt ? Une fois le sens trouvé, vous aurez moins de chance de procrastiner.

En entreprise, il arrive aussi parfois qu'on nous demande de faire quelque chose par défaut, en reprenant d'anciennes méthodes ; on fait alors les choses en suivant ce que les autres ont fait avant nous. C'est parfois dans ce genre de tâches que l'on peut éprouver le manque de sens. Dans ce cas, n'ayez pas peur de remettre en question les méthodes établies et de donner un élan personnel à ce que vous faites.

ACTIONS :
- Cherchez le sens.
- Remettez en question.
- Créez votre propre voie.

Se préparer

On a parfois le sentiment de ne pas savoir par où commencer. Ne pas connaître la première étape peut nous paralyser. Parfois, il faut juste attendre d'être dans le bon état d'esprit pour commencer. Certaines tâches demandent de se préparer, d'aller dans un endroit particulier, de s'isoler ou autres. Si l'on n'y fait pas attention, il y a de fortes chances que l'on ne réussisse pas à accomplir la tâche.

ACTIONS :

- Ménager des moments libres dans votre agenda pour vous donner le temps de vous préparer.
- Si elle est trop grosse, divisez la tâche pour réduire l'effort.
- Changez d'environnement.

Se sentir capable

Avant de se lancer, il faut se demander si l'on est capable et si l'on veut vraiment en être capable. Parfois la réponse est non. Dans ce cas, il faut accepter que l'on ne puisse pas tout faire et prioriser ce qui est vraiment important pour nous.

ACTIONS :

- Si vous tenez à croître, cherchez d'abord à acquérir une nouvelle compétence.
- Demandez de l'aide.
- À défaut, trouvez une personne à qui déléguer.

Mesurer l'importance des choses

On procrastine parfois car certaines tâches nous semblent de moindre importance. Or une tâche a bien une raison d'être. Rassemblez donc les informations permettant d'apprécier l'importance de cette tâche. En fonction de vos valeurs, vos croyances ou vos priorités, il y a peut-être un décalage entre ce qui est perçu comme important par les autres et ce que vous percevez comme important. Et si vous arrivez à la conclusion que ce n'est pas important, vous ne le faites pas !

Ne pas avoir peur de se tromper ou d'être victime de son succès

La procrastination est un outil, elle peut donc être signe d'une peur, la peur de se tromper, de commettre une erreur, mais aussi la peur de ne plus jamais être pareil après avoir accompli une tâche. Car l'accomplissement d'une action nous change et, lorsqu'on procrastine, c'est peut-être qu'on a besoin de plus de temps avant de faire le saut et d'aligner les autres aspects de sa vie. Par exemple, j'ai un ami entrepreneur qui repoussait sans cesse le lancement d'un produit par peur de son éventuel succès et d'un changement de rythme de vie.

ACTIONS :
- Travaillez sur vos peurs.
- Acceptez vos limites.
- Faites les choses l'une après l'autre.

Reporter !

Oui, oui, vous avez bien lu. On peut tout à fait reporter une tâche parce qu'on a sous-estimé les imprévus de la journée ou le temps nécessaire à son accomplissement. Cela nous apprend à laisser du temps aux imprévus.

ACTION :

- Reportez la tâche dans votre agenda, tout en mettant une note rappelant depuis combien de temps vous reportez cette tâche.
- Si vous reportez de nombreuses fois, c'est qu'une autre cause vous empêche d'accomplir cette tâche.

Douter

On doute de ce que l'on fait, de nos idées ; nous ne sommes pas encore convaincus que l'approche est la bonne... et ce n'est pas nécessairement négatif. Le doute aide à identifier les axes d'amélioration et pousse à se poser des questions.

Contrairement aux idées, reçues, la procrastination peut donc nous aider à entamer des actions pour aller dans la bonne direction. Maintenant que vous savez comment changer d'état naturel et utiliser la procrastination pour vous connaître un peu plus, on va se pencher sur les dualités qui vous régissent en tant que manager.

ACTION :

- Prenez le temps de questionner votre approche avec des collègues.
- Lisez des livres pour vous inspirer d'autres créateurs.
- Challengez vos idées et votre approche.

LE BIAIS DES DUALITÉS

Nous avons tous des biais qui proviennent de notre personnalité, nos valeurs, nos capacités, notre expérience ou notre état d'énergie minimum. Et ces biais s'illustrent souvent de façon double.

Avez-vous déjà pris le temps d'identifier vos biais ? Sont-ils en adéquation avec votre industrie et votre entreprise ? Il est parfois difficile de choisir le bon angle d'attaque pour aider son équipe à atteindre ses objectifs. Car il se peut aussi qu'au lieu de regarder une situation de façon neutre, l'on soit influencé par son biais. S'il est fort, il peut vous limiter dans vos approches, et ce malgré l'ensemble des paramètres qui doivent être pris en considération, tels que les besoins de la situation, les préférences de votre équipe, la culture de votre entreprise et celle de votre industrie. Chaque pays, industrie ou entreprise possède des tendances qui lui sont propres. Et selon ces tendances, vous serez amené à favoriser l'un ou l'autre de vos biais. Ce sont justement ces dualités qui composent votre style de gestion !

En réalité, il n'y a pas de biais particulier à choisir, mais il y a certainement un style à privilégier en fonction de la situation. Mais d'abord, faisons le point sur vos biais.

FAIRE LE POINT QUELS SONT VOS BIAIS ?

Avez-vous un biais, une tendance à privilégier un angle plus qu'un autre ? Pour commencer à développer votre raisonnement, je vous expose ici cinq biais, mais il en existe bien d'autres évidemment. Pour ce test, il suffit de vous poser les bonnes questions, vous pourrez ensuite continuer la réflexion par vous-même.

Analyse ou intuition

Lorsque vous vous lancez dans un projet, avez-vous tendance à faire appel à votre intuition ou à prendre appui sur une longue analyse ? Par exemple,

- Demandez-vous régulièrement à votre équipe de gros rapports avec beaucoup de détails avant de prendre des décisions ?
- Avez-vous besoin d'avoir une justification détaillée pour chaque décision prise par les membres de votre équipe ?
- Faites-vous confiance à votre instinct ou à celui des autres ?
- Si vous et votre patron croyez avoir trouvé la meilleure solution, cela vous suffit-il pour vous lancer sans faire une analyse exhaustive des pour et des contres ?

Selon les situations, l'analyse peut, ou non, être requise. Cela dépend de l'enjeu, des risques en cours, de vos incertitudes et des effets que peut impliquer votre décision sur les résultats.

Vous pouvez choisir de suivre votre instinct malgré l'évaluation effectuée ou les recommandations de votre équipe, tout comme vous pouvez décider de ne prendre aucune décision sans avoir évalué toutes les données. Rappelez-vous qu'en gestion, le risque zéro n'existe pas. Aucune solution n'est parfaite. Il n'y a donc pas de recette magique : vous devrez parfois vous fier à votre instinct et, d'autres fois, vous appuyer sur de solides analyses.

Organisation ou improvisation

Avez-vous plutôt tendance à vous organiser pour prendre des décisions ou et réaliser des projets ou à laisser place à l'improvisation ?

Vous êtes du type organisé si :

- Vous êtes structuré dans votre travail, par exemple si vous établissez des systèmes, des processus et des procédures ;
- Vous fixez des objectifs qui incluent des échéanciers et des budgets ;
- Vous remplissez régulièrement votre agenda et votre *to do list* ;
- Vous établissez un plan de communication.

Vous êtes plutôt du type à improviser si :

- Vous avez peu ou pas de structure dans votre travail ;
- Vous suivez peu ou pas la structure et le plan que vous avez développés, bien que vous ayez tout mis en place pour vous organiser.

Comme pour toutes les autres dualités, rien n'est tout noir ou tout blanc. Il n'existe pas un profil meilleur qu'un autre. Soyez à l'écoute des besoins de votre équipe et de vos besoins. Selon la situation, l'une ou l'autre approche sera nécessaire. Par conséquent, si vous avez un biais fort, assurez-vous de développer le penchant qui vous manque afin d'élargir vos options.

Collaboration ou autorité

Dans vos interactions avec votre équipe, quel type de collaboration mettez-vous en place le plus souvent ? Lorsque vous prenez des décisions, identifiez une solution, définissez les responsabilités...

- Écoutez-vous le point de vue des membres de l'équipe avant de développer ensuite vous-même la solution ?
- Travaillez-vous avec eux sur une solution, avant de prendre vous-même l'ultime décision ?
- Laissez-vous à votre équipe toute liberté ?
- Êtes-vous du genre à partager vos idées sans tenir compte du point de vue de l'équipe lors de son implantation ?

Plus généralement, lorsque vous réfléchissez aux objectifs ou à la structure de votre équipe, travaillez-vous seul ou avec vos collaborateurs ?

Bien entendu, le choix de votre approche est vôtre et peut varier en fonction du projet, de votre niveau de responsabilité et de l'objectif que vous avez envie d'atteindre. Dans tous les cas, si vous voulez que votre équipe se développe et soit plus engagée, il faut que cette dualité soit équilibrée.

Transparence ou confidentialité

Avez-vous tendance à être transparent ? Si oui, sur quel aspect ? Ou êtes-vous plutôt du type à attendre que tout soit réglé avant de partager avec les autres ? Quel niveau de transparence voulez-vous maintenir avec votre équipe ?

Lors d'une prise de décision ou au cours d'un projet, vous devez déterminer quelles informations et quels détails vous pouvez/voulez partager. Idéalement, vous devriez pouvoir parler des aspects suivants :

- Les éléments pris en compte et la logique derrière chaque prise de décision importante ;
- Les détails pertinents pour votre équipe, par exemple la position de l'entreprise et de l'industrie sur le sujet ;
- L'avancement des travaux, ou même les réalisations des autres équipes ;
- Votre vulnérabilité et vos limites dans le projet.

Il est toutefois impossible de tout partager, car certaines informations peuvent être confidentielles. Vous devez évaluer ce que vous pouvez dire pour être le plus transparent possible, sans mettre en péril le projet ou sa confidentialité. Être trop transparent sur sa propre vulnérabilité peut être déstabilisant pour son équipe, mais partager certains doutes peut être bénéfique et favoriser un climat de confiance.

Fibre humaine ou financière

Lors de vos prises de décision ou au cours d'un projet, mettez-vous plutôt en avant vos collaborateurs, les équipes de l'entreprise ou le retour sur investissement ?

Vous priorisez plutôt l'aspect financier si :

- Vous envisagez la réduction de postes comme une option pour rentabiliser vos projets ;
- Vous attendez que les ressources humaines vous imposent la discussion une fois par an avant de faire part des besoins en développement personnel de votre équipe ;
- Vous considérez dans vos processus d'évaluation que seul ce qui est économiquement mesurable a de la valeur.

Vous priorisez l'humain si :

- Vous considérez les besoins et le bien-être de votre équipe dans vos prises de décision, ou vous vous attendez qu'ils acceptent la situation et s'adaptent quoi qu'il arrive ;
- Vous connaissez leurs besoins en développement personnel, ce qu'ils aiment au travail, ce qu'ils aimeraient développer en cours d'année, etc.

Bien entendu, l'entreprise est une structure qui doit être économiquement viable. Il est donc impossible de faire abstraction de cet aspect. Cependant, pour atteindre vos objectifs, rien ne vous empêche d'inclure l'aspect humain dans vos décisions. Pour ce faire, rendez-vous dans la partie 2 de ce livre (chapitre « Stimuler l'engagement de son équipe »).

POUR ALLER PLUS LOIN

Vous séchez un peu dans votre introspection ? Voici quelques conseils pour vous aider à répondre à toutes ces questions :

- Observez vos collègues et demandez-vous quels sont leurs biais de gestion ;
- Interrogez-vous sur les tendances de votre entreprise (ses valeurs et ses modes de gestion) ;

Demandez-vous s'il existe des tendances naturelles dans l'industrie dans laquelle vous travaillez.

Faut-il changer ses biais ?

Êtes-vous en symbiose avec les tendances de votre environnement ? Si ce n'est pas le cas, avez-vous l'énergie nécessaire pour aller à contre-courant ? Honnêtement ce n'est pas facile de travailler pour une entreprise positionnée à l'inverse de votre style. Si votre approche est régulièrement opposée à celle d'autres gestionnaires, surtout ceux de votre division, vous allez être décalé et vous aurez besoin de plus d'énergie pour conserver votre différence ou vous ajuster aux méthodes générales.

J'ai déjà moi-même travaillé avec un groupe de gestionnaires pour qui la transparence n'était pas une valeur cardinale. J'entendais régulièrement : « Ils n'ont pas besoin de savoir pour faire leur travail », ou encore « qu'ils participent à la réunion ou sachent cette information, c'est du temps perdu ». Alors que c'était selon moi les fondements du travail d'équipe. Si bien qu'il arrivait que des membres d'autres équipes que la mienne viennent dans à mes réunions pour glaner des informations ! Ce qui ne m'a pas poussée à changer mon biais de transparence... Mais après six mois à contre-courant de cette philosophie, j'étais épuisée.

Essayer d'aller à l'encontre de votre tendance naturelle pourrait vous réserver de belles surprises, d'autant plus qu'il est toujours bon de savoir s'adapter en fonction de la situation et des besoins. Il y a toujours des ajustements à faire en fonction de votre entreprise, du poste que vous avez, du style de vos collègues et des besoins de votre équipe. Malheureusement, il arrive parfois que vos préférences soient trop décalées et, selon vos valeurs, vos compétences et vos expériences, vous aurez peut-être à faire des choix dans votre carrière pour aller vers des postes plus en adéquation avec votre style.

Lorsque vous êtes en entretien d'embauche, prenez le temps de tester si votre compatibilité avec l'entreprise. On nous demande souvent en entrevue si nous avons des questions, prenez cet espace pour jauger les biais et le style de l'entreprise.

Voilà pour les choses apparentes. Maintenant, passons aux choses moins évidentes. Un autre principe fondamental pour apprendre à se connaître est celui des angles morts.

LES ANGLES MORTS

Vous connaissez l'angle mort du rétroviseur de votre voiture ? C'est la zone inaccessible à votre champ de vision, qui vous empêche de voir une partie de ce qui se passe autour de vous.

En physique, c'est pareil. Certains matériaux sont transparents, comme le verre par exemple. Ils sont invisibles. N'ayant pas le bon niveau d'énergie pour interagir avec les électrons de l'atome, l'énergie des photons se retrouve à passer au travers l'atome comme si de rien n'était. Un peu comme le point de vue d'un collègue ou collaborateur que nous n'arrivons pas à déceler. Une compétence fondamentale du manager est d'apprendre à détecter ses angles morts.

Détecter un angle mort

Malheureusement nous avons souvent tendance à ne pas tenir compte des angles morts. C'est en quelque sorte la contrepartie d'avoir une expertise, des qualités, des centres d'intérêt et des compétences.

Or, comme de penser à regarder vraiment l'angle mort en voiture quand on change de voie, en se retournant une seconde, il faut apprendre à reconnaître les signes qui nous montrent que nous sommes aveugles à certains détails. Pour mieux travailler en équipe et faire ressortir son meilleur.

Prenons un exemple. Un membre de votre équipe vient vous voir pour vous dire qu'il a l'impression que le projet ne part pas dans la bonne direction pour réussir. Il pense qu'il faudrait éclaircir les rôles et responsabilités des intervenants du dossier. Il aimerait officialiser le mandat que vous lui avez donné. Vous ne comprenez pas, vous pensiez l'avoir officialisé avec lui, plus d'une fois, il devrait donc pouvoir travailler sur le dossier sans souci. Vous êtes aveugle ! Vous n'avez aucune idée de ce qu'il faut faire pour répondre à son besoin et commencez à le trouver irritant. Pourquoi demande-t-il toujours la même chose, alors que, selon vous, tout a déjà été fait ? Vous commencez même à vous dire que votre employé est incompétent et qu'il se sert de cette demande pour ne pas faire son travail. Au lieu de lui faire confiance et lui demander ce dont il a besoin, vous vous dites donc que c'est à lui de passer à l'action.

Ne seriez-vous pas plutôt aveugle à un détail, à un besoin de votre employé ? Vous ne pourrez pas le savoir tant que vous ne prendrez pas le temps de l'écouter.

Vous comprendrez alors qu'il ne se sent pas reconnu par les autres managers et que, justement pour ce travail, il doit interagir avec les autres départements. or le fait que vous n'ayez pas officialisé le projet auprès des autres départements lui rend la tâche impossible.

Le souci d'un angle mort ne vient pas du fait que nous en ayons mais que nous agissions comme si nous n'en avions pas. Comme si c'était l'autre qui ne comprenait pas ou avait un problème. C'est peut-être le cas, mais tant que vous n'allez pas au fond du problème ou du sujet, il y a des chances qu'il vous manque un élément. Acceptez donc de faire confiance à l'autre pour identifier un angle mort, pour un collègue, votre patron, votre partenaire, ou votre employé/collaborateur. Et vous verrez, vous évoluerez.

EXERCICE
DÉTECTER UN ANGLE MORT

Voici quelques situations récurrentes qui sont autant d'indices d'angles morts.

- Votre collaborateur vous parle constamment du même problème, la conversation revient régulièrement.

- Vous avez le sentiment que la personne ne comprend pas votre logique. Vous vous dites que si elle la comprenait, la conversation prendrait fin. Attention, c'est peut-être vous qui ne comprenez pas !

- Vous avez l'impression que votre interlocuteur invente un problème qui n'existe pas.

- Vous ne partagez pas son évaluation de l'importance du problème.

- Le sujet de discussion vous irrite, ne vous intéresse pas.

- Dans son livre *The Science of Trust*, John Gottman explique que lorsque notre pouls monte au-delà de 100 pulsations/minute, il vaut mieux faire une pause de dix minutes avant de relancer la discussion. Dans ce cas de figure, il y a de fortes chances que l'angle mort ait trait à un élément fondamental de votre vie.

- Sachez que si vous aviez raison, la solution devrait être simple à résoudre, puisque le problème est de moindre importance selon vous. Alors au lieu d'écarter la discussion, tentez plutôt de trouver une solution.

Contourner un angle mort

Malgré cela, les angles morts sont inévitables. Ils font partie de nos vies et reviendront toujours. Voici donc quelques idées pour tenter de réduire leur effet négatif :

- Se rappeler régulièrement qu'ils existent pour rester vigilant.
- Apprendre à faire des pauses et revenir sur le sujet plus tard.
- S'entourer de personnes de confiance qui nous diront lorsque nous oublions des éléments importants.
- Travailler notre capacité d'écoute, si quelqu'un prend le temps de vous parler de quelque chose, c'est que c'est important.
- Poser des questions, être curieux.
- S'efforcer à discuter avec des gens à l'extérieur de son cercle habituel de relations.
- Rencontrer des personnes d'autres départements.
- Accepter que nous sommes tous différents et que la différence est une force.
- Suivre des formations et des cours.
- Apprendre de nouvelles langues, voyager, vivre dans d'autres pays…

Toutes ces astuces nous aident à identifier nos limites et accepter l'aide et les points de vue des autres.

Et si, après discussion, vous commencez à voir ce que vous ne voyiez pas jusqu'ici, vous pouvez toujours souhaiter ne pas intervenir. Dans ce cas, expliquez pourquoi, dites que vous comprenez maintenant son point de vue et que vous avez, en connaissance de cause, décidé de ne pas agir en son sens.

Enfin, notez qu'il est malheureusement plus facile de constituer une équipe qui pense comme nous, avec les mêmes angles morts, que d'accepter des personnes avec des points de vue différents. Attention à la facilité ! Les meilleurs leaders de ce monde sont ouverts d'esprit et acceptent leurs limites et leurs angles morts.

Refuser d'écouter les autres dans leur différence, limite et aliène les équipes et surtout risque de limiter l'innovation et l'amélioration continue. C'est dans ces moments que vous pouvez montrer que vous vous souciez de votre équipe. Et une équipe heureuse est une équipe qui devient de plus en plus efficace avec le temps.

> « *Pour aller plus loin, il faut accepter de prendre un nouveau point de vue.* »

LES SAUTS QUANTIQUES, OU L'ART DE RACONTER DES HISTOIRES

Tout comme les angles morts, il nous arrive tous de faire ce que j'appelle des sauts quantiques. En tant que manager, il est important de comprendre ce principe car il revient souvent dans notre quotidien et il est bon de le déjouer.

Qu'est-ce qu'un saut quantique ? C'est lorsque l'on avance notre point de vue en oubliant de communiquer l'évolution de notre pensée à l'équipe. On a fait un saut, c'est-à-dire qu'on a changé d'état rapidement sans que les autres aient pu suivre. On continue sur son chemin de pensée, pendant que l'équipe est restée au point de départ. Et plus le temps avance, plus le décalage s'agrandira, en même temps que les incompréhensions des deux parties. Le saut quantique est donc un changement de cap que l'on prend seul sans s'en rendre compte et sur lequel on n'a pas bien communiqué.

Voici une situation typique que vous avez sûrement déjà vécu : votre patron vous dit « Pourquoi as-tu fait cette analyse ? Ça ne sert à rien. » Et pourtant c'est lui qui, un mois auparavant vous avait demandé de faire une analyse marketing des besoins des familles pour l'un de vos produits. C'était même urgent ! Mais aujourd'hui il est convaincu que la cible n'est plus les familles, mais les célibataires de 30 ans et plus. Que s'est-il passé ? Eh bien, il a fait un saut quantique. Quelque chose a changé son état et vous n'en avez pas été informé.

Votre patron a eu une sorte d'épiphanie, qui lui a fait voir la situation différemment. Cela arrive quand nous changeons nos paradigmes, les conditions de la situation, ou tout simplement quand nous pensons avoir une idée géniale. Grâce à une nouvelle information, un meilleur plan ou une meilleure direction. Cela peut survenir quand on rencontre une personne travaillant dans un domaine connexe, qui utilise dans son industrie une méthode qui vous donne une idée, ou encore parce que vous lisez un livre qui vous fait réfléchir et stimule une nouvelle approche pour résoudre un problème. Les sauts quantiques sont donc consécutifs à ces moments de révélation.

Lorsque nous faisons un saut quantique, nous avons oublié de communiquer avec notre équipe, pensant que la prochaine étape était évidente. On a avancé dans une nouvelle direction sans partager le changement de cap.

Les risques de faire trop souvent des sauts quantiques :

- Un sentiment d'isolement ou de solitude ;
- L'impression que les autres ne travaillent pas sur les bonnes priorités ;
- Ne pas comprendre pourquoi certains membres de l'équipe continuent à faire certaines choses ;
- L'impression que personne n'arrive à vous suivre, voire que vous êtes la seule personne intelligente ou capable de stratégies ;
- Le sentiment que personne ne vous suit et que vos discussions sont pleines de frictions et d'oppositions.

De l'importance des histoires

Un des talents à développer en tant que manager est de savoir quand un saut quantique a été fait pour aligner l'équipe. Pour ce faire, il faut revisiter le passé et revenir sur l'histoire d'une décision, d'un développement, du dénouement d'une problématique, ou simplement conserver les apprentissages du passé et apprécier les accomplissements. Les histoires nous aident nous et nos équipes à suivre la logique et à avancer ensemble.

Dans son livre *Sapiens*, Yuval Noah Harari dit que les histoires sont la force et la différence des humains. Elles nous permettent de nous rappeler notre passé et de le partager, et nous rallient autour d'un même concept. D'ailleurs, l'industrie du divertissement, de la vente et du marketing ont bien compris l'importance des histoires ! Nous n'achetons pas qu'un produit, nous achetons aussi son histoire. Nous ne travaillons pas seulement pour une entreprise, nous travaillons aussi pour son histoire, sa mission et son futur.

Par conséquent, une des responsabilités fondamentales du manager est de savoir raconter des histoires. Les histoires permettent de créer des liens, de motiver des équipes, d'aligner les départements, d'être sur la même longueur d'onde dans un groupe (car l'histoire c'est la mélodie, la musique qui lient notre vie commune), d'avancer au même rythme dans un groupe, d'aller dans une même direction, de renforcer l'identité de son département/équipe, d'intensifier l'adhésion de l'équipe aux objectifs ou de préparer un changement.

Créer des histoires est donc un élément essentiel, un outil du manager qui aide à se souvenir du passé et visualiser le futur.

Quand nous faisons un saut quantique, nous avons oublié de raconter l'histoire ! Il n'y a alors plus de logique. Pour les équipes, ces sauts quantiques ont des impacts catastrophiques sur l'alignement, car ils les font douter de leur capacité à nous suivre et peuvent les laisser à penser que vous êtes instable ou impossible à suivre. Alors dès que vous sentez que votre équipe est ailleurs, dans un autre état que le vôtre, il est temps de raconter l'histoire.

> *Derrière chaque saut quantique se cache une histoire.*

Éviter un saut quantique

Voici les grandes étapes à suivre pour éviter un saut quantique :

1. Reconnaître le saut et retracer son histoire

La première étape consiste à reconnaître qu'un saut a été fait. Il y a un décalage entre vous et votre équipe, c'est inconfortable. Vous avez peut-être même l'impression qu'ils sont incompétents. Pourquoi ont-ils travaillé sur l'analyse des familles, quand la cible était clairement les célibataires ?

Prenez le temps de vous souvenir de la dernière conversation que vous avez eue avec l'équipe. Regardez vos notes. Si vous n'en avez pas, demandez-leur ce suscite leur incompréhension. Et, s'il vous plaît, pas d'accusation, soyez curieux !

Ensuite, il faut comprendre comment vous êtes arrivés à deux conclusions différentes. Dès que vous avez retrouvé la source du décalage, communiquez à l'équipe restreinte et expliquez ce qui vous a fait changer de cap. Cela vous permettra de tester votre histoire en sous-comité. Vous réaliserez alors l'importance du changement que vous avez fait et pourrez identifier la meilleure approche pour communiquer avec tous ceux qui devraient en être informés.

2. Laisser le temps à l'équipe de vous suivre

Laissez le temps à cette nouvelle information d'être assimilée par les autres. Prendre du temps, si c'est possible, permet à tous, vous y compris, de détecter si cette nouvelle idée prend. Car peut-être faites-vous une erreur en changeant la cible de l'étude marketing ? Plus le changement est gros, plus le temps nécessaire peut être long avant de déterminer si votre saut quantique est bien valide.

3. Apporter une fin logique

Prendre une pause pour valider le changement d'approche va aussi permettre, à certaines tâches ou projets en cours, d'être complétés ou d'être ajustés. Par exemple, avant de changer définitivement de plan, vous pourriez demander à l'équipe de poursuivre l'analyse du marché des familles et de la présenter. Bien souvent une à deux semaines sont suffisantes pour jauger de l'opportunité des choses. Et qui sait l'analyse sera peut-être utile plus tard ? Prendre le temps de terminer ce qui a été commencé permet aussi à l'équipe d'éprouver un sentiment d'accomplissement.

Si vous changez souvent de plans en laissant les choses inachevées, vous allez envoyer le signal selon lequel il n'est pas nécessaire de bien faire les choses, les projets risquant de changer à tout moment. Et pourquoi s'appliquer à bien faire si l'on ne termine jamais rien ? Le sentiment de ne rien accomplir de concret est démotivant.

4. Garder une trace écrite

Assurez-vous de garder des traces des raisons de vos changements.

Vous pouvez les consigner dans un document ou dans votre agenda. Cette étape est très intéressante, car elle constitue votre histoire. Au prochain saut, vous pourrez regarder plus en détail vos réflexions et remettre en question vos idées.

EXERCICE

Essayez de détecter si vous avez effectué un saut quantique, aussi petit qu'il puisse être. Par exemple, vous aviez demandé à votre équipe de monter tel projet. Plusieurs semaines avancent et vous devez approuver une dépense importante non prévue. Vous décidez alors de prendre le budget qui avait été alloué au projet. Pourquoi n'est-il plus aussi important ? Qu'est-ce qui vous a fait changer d'idée ? Dès que vous identifiez le saut, soyez attentif à ce qui vous a fait changer de plan et partagez-le avec les autres lorsque nécessaire.

À l'inverse, détectez si vos collègues ou chefs ont fait des sauts quantiques. Posez-leur cette question : qu'est-ce qui fait que nous passons du plan initial à celui-ci ? Notez ici que j'utilise le « qu'est-ce qui » et non le « pourquoi » qui, bien trop souvent, place l'interlocuteur en mode défensif. Surtout si votre chef n'a pas encore détecté qu'il a fait un saut...

Pour poser les bases solides du manager, il faut donc s'observer et apprendre de son passé. Prendre en considération son état et ses biais naturels, être conscients des angles morts et des sauts quantiques. Mais le travail ne s'arrête pas là. Il faut maintenant prendre le temps de créer son équipe, d'apprendre à la connaître et la structurer pour bien travailler ensemble.

CRÉER ET STRUCTURER SON ÉQUIPE

Un peu comme l'on prend le temps de se connaître, une équipe doit aussi se connaître. Savoir que demander à qui, ce qu'on s'attend d'elle, comment elle interagit avec les autres... Alors pour aider son équipe à se connaître, il faut mettre en place une structure claire.

Cela semble évident, et pourtant c'est une responsabilité que les managers oublient souvent, peut-être parce que c'est une action que l'on associe à quelque chose de révolu. Quand on prend la responsabilité d'un département établi, on avance sans prendre le temps de penser au passé, on prend pour acquise la structure en place sans vérifier qu'elle soit complète et comprise par son équipe. Pourtant le terme « manager » veut dire « gérer », ce devrait donc être la responsabilité fondamentale.

C'est qu'on a oublié le temps dans l'équation : le passé est aussi important que le présent et le futur. Se connaître et connaître son équipe est la base pour développer la suite. Les managers des start-ups et scale-ups ont d'ailleurs souvent plus d'efforts à fournir sur ce plan que les managers d'entreprise établis, puisque tout est à développer et à faire évoluer rapidement.

Pour gérer, le manager doit fournir la structure organisationnelle la plus complète possible à son équipe. Une structure qui interagit et fonctionne avec son environnement, l'entreprise, et qui évolue en fonction des besoins. Par conséquent, le gestionnaire à la responsabilité de bien définir et identifier la structure, les rôles et responsabilités de son équipe, et ce par rapport aux autres départements, et de développer cette organisation pour augmenter l'efficacité et la productivité

Quand j'arrive dans un nouveau poste ou que je commence dans un nouveau département, pour créer une structure complète basée sur les compétences d'une équipe, je m'attelle aux points suivants :

- Définir la mission/vision du département (pourquoi existons-nous ?) ;
- Comprendre et identifier les fonctions/services que le département offre à l'entreprise ;
- Fixer les objectifs de l'équipe ;
- Mettre en place les systèmes d'intelligences, processus et procédures ;
- Mesurer la performance pour s'ajuster constamment aux besoins et objectifs.

Tout cela a pour but de bien diviser les besoins et responsabilités, d'être efficace ensemble, de réduire les frictions et les pertes, d'éviter la surcharge, et ce pour un meilleur résultat avec un minimum de temps et d'effort. Je vous explique dans le détail comment faire.

STRUCTURER SON DÉPARTEMENT

Vous venez d'être nommé responsable d'un département et vous devez mettre en place votre équipe. Qu'il existe déjà une équipe ou que vous deviez la créer de toutes pièces, il vous faudra prendre le temps de la développer. Et ce même si elle a été mise en place par une autre personne initialement. Votre point départ sera différent mais les étapes seront les mêmes. Il est important de prendre conscience qu'il faut continuellement développer la structure de son département, c'est essentiel pour le bien-être de son équipe. Plus cette structure évoluera, plus la performance de votre équipe augmentera.

Alors, comment monter son département ou comment l'améliorer ? D'abord, vous devez voir votre département comme une entreprise dans votre entreprise. Vous êtes un « intrapreneur », c'est un peu comme être un entrepreneur, mais vous avez un élément supplémentaire à prendre en considération : le lien avec les autres services et départements. Ce qui implique de mettre en place des interactions. Vous devez créer un département qui fonctionne, qui répond aux besoins de vos clients, tout en interagissant avec les autres départements.

L'importance de la structure

La structure est le fondement sur lequel tout repose. Elle se doit d'être suffisamment claire pour simplifier les interactions et clarifier les objectifs, et suffisamment flexible pour pouvoir s'adapter en fonction des besoins changeants d'une organisation.

Il faut voir la structure comme un arbre, plutôt que comme un bâtiment fixe. L'arbre est beaucoup plus agile et flexible dans le temps. Il sait s'adapter aux besoins (rechercher de la lumière, de l'humidité), tout en gardant un tronc solide. Chaque branche de l'arbre est un département qui a une fonction spécifique, mais qui pourra s'ajuster en fonction des besoins. L'environnement peut en effet influencer la forme de l'arbre (exposition au vent ou au soleil par exemple).

STIMULER LE MOUVEMENT

Avec le temps, la structure évoluera en fonction des besoins.

Gérer une équipe est donc définir la structure et la faire évoluer comme un arbre en fonction des événements. C'est une structure organique et vivante et vous êtes responsable de la maintenir en vie et de la faire grandir.

Comment créer la structure de son département ? Suivez le guide, je vous explique. Les étapes suivantes s'appliquent à tous, que vous soyez chef d'équipe ou directeur exécutif. La seule différence sera le niveau d'échelle. Elles vous aident à poser les bonnes questions à l'équipe en place et à votre chef, car on oublie souvent d'expliquer des choses qui paraissent évidentes.

Créer la structure de son département

1. Écrire sa mission et sa vision

Dans toute bonne entreprise, pour que cela fonctionne, vous devez élaborer la mission et la vision de votre département. Sans ces deux informations de départ, vous risquez de créer une structure sans fondations et qui ne pourra pas se connecter avec le futur.

Votre mission et votre vision consistent en deux énoncés expliquant pourquoi votre département existe et en quoi il se distingue des autres. Idéalement ils doivent rester simples.

La mission

La mission décrit le but de l'équipe, du département. C'est-à-dire pourquoi l'équipe existe et quelle contribution elle apporte à ses clients (internes ou externes). Il reste important que la mission soit définie le plus largement possible, afin de ne pas limiter les possibilités futures de l'équipe. L'énoncé de votre mission servira de base à l'énoncé de votre vision.

Voici des exemples d'énoncés réussis de mission d'entreprises bien connues :

- **Google :** « Organiser les informations à l'échelle mondiale dans le but de les rendre accessibles et utiles à tous. »
- **Amazon :** « Nous nous efforçons d'offrir à nos clients les prix les plus bas possibles, la meilleure sélection disponible et la plus grande commodité. »
- **LinkedIn :** « Créé[r] des relations entre les marques et les professionnels du monde entier pour les rendre mutuellement plus performants. »

La vision

L'énoncé de votre vision se fonde donc sur l'énoncé de votre mission. La vision exprime l'objectif à long terme. Pour vous aider dans votre tâche, visualisez ici ce que votre équipe pourrait devenir dans quelques années et en quoi consiste, pour votre groupe, l'équipe idéale. Au fur et à mesure que votre équipe grandira, elle devra atteindre ses objectifs et s'en fixer de nouveau. Vous devrez donc ajuster votre vision si besoin pour refléter ces changements. La vision se résume généralement en une seule phrase, elle doit donc être facile et simple à comprendre tout en évoquant une réponse émotionnelle.

Voici les énoncés de vision des mêmes entreprises :

- **Google** : « Donner accès à l'information partout dans le monde en un clic. »
- **Amazon** : « Être l'entreprise la plus centrée sur le client au monde, pour qu'ils trouvent et découvrent tout ce qu'ils souhaitent acheter en ligne. »
- **LinkedIn** : « Créer des opportunités économiques pour les professionnels du monde entier. »

En somme, la mission décrit ce que votre département fait au présent pour satisfaire vos clients et la vision permet de visualiser le futur idéal de votre département. Si votre vision et votre mission se ressemblent beaucoup, vous allez pouvoir faire évoluer cela avec votre équipe.

À vous !

Pour vous aider dans votre *brainstorming*, prenez en considération les éléments suivants :

- **La valeur :** Quelle est la valeur ajoutée du département pour vos clients (internes et externes) ?

- **La simplicité et la clarté :** Il faut que la mission soit raisonnable et elle doit être facile à comprendre. Utilisez le présent pour l'écrire. Soyez clair, concis et n'utilisez pas de jargon particulier.
- **Le voyage dans le temps :** Projetez-vous dans deux à cinq ans – un si c'est trop compliqué. Rêvez grand et imaginez à quoi ressemblera le succès de votre département à cette date.
- **L'inspiration :** Pourquoi les membres de votre équipe ont-ils envie de travailler dans votre département ? Le but est d'inspirer, de provoquer la passion, un sens commun de la réalisation et de l'accomplissement.
- **La connexion :** Liez la mission de votre département à la vision, aux objectifs et aux valeurs de l'entreprise.
- **Les clients :** Qui sont vos clients ?
- Pensez à la liste des compétences et expertises de votre équipe et aux services que vous offrez. Par exemple, quels sont les rapports, documents, analyses produits par votre département ? Avec ces listes, il devrait être plus facile de créer un énoncé pertinent.

2. Identifier les fonctions/services

Identifier les fonctions de son département est relativement simple, mais il est aussi relativement simple d'oublier des éléments importants. Car on ne pense qu'aux grands éléments et on en oublie parfois certains, ce qui peut créer beaucoup de frustrations.

Si votre département a déjà été créé par la direction, vous avez un point de départ. Référez-vous aux documents existants, une description générale des fonctions devrait y être. Si c'est à vous de créer le département, vous démarrez de la page blanche. C'est là qu'il est intéressant d'avoir observé d'autres structures au préalable dans sa carrière. Analysez le passé, ressortez-en des constantes. Assurez-vous de le faire dans les grandes lignes avec votre équipe rapprochée avant d'aller plus dans le détail.

Définir l'écosystème du département

Par catégorie, identifiez les aspects importants dont votre département aura besoin pour fonctionner. Faites ressortir tout ce que vous pensez important pour votre équipe afin d'être efficace.

QUELS SONT LES ÉLÉMENTS À NE PAS OUBLIER ?

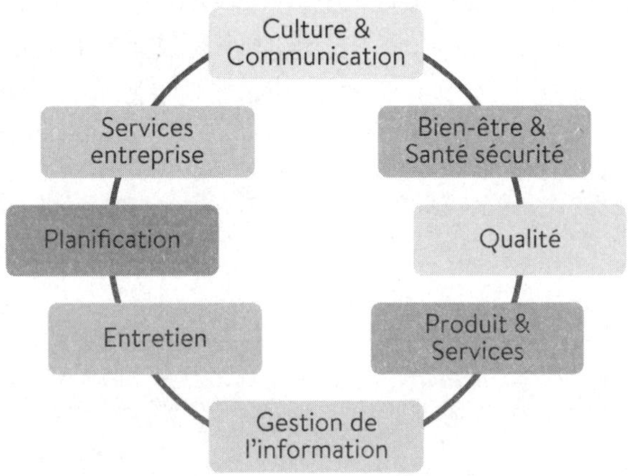

CULTURE & COMMUNICATION

- Avez-vous créé des événements permettant de développer l'esprit d'équipe ?
- Connaissez-vous la liste des réunions auxquelles participe votre équipe ?
- Organisez-vous des sessions d'information pour faire le point sur le travail accompli ?
- Partagez-vous les bonnes pratiques ?

BIEN-ÊTRE & SANTÉ SÉCURITÉ

- Avez-vous un processus de mise en place des plans de développement de votre équipe ?
- Proposez-vous une assistance sur la santé mentale et physique au travail ?
- Concernant la santé et la sécurité des locaux, les liens avec le Comité social et économique d'entreprise (CSE) sont-ils facilités ?
- Prenez-vous le temps de parler en équipe du bien-être au travail ?

QUALITÉ

- Devez-vous suivre des standards de qualité tels que la norme ISO9000 ?
- Avez-vous des processus solides et suivis ?
- Avez-vous identifié et mis en pratique des indicateurs-clés de performance ?
- Avez-vous besoin de mettre en place des inspections, par exemple à la réception des marchandises ?

PRODUIT & SERVICES

- Avez-vous créé la liste des produits et/ou services dont le département a la charge pour l'entreprise ?
- Êtes-vous responsable du développement de produits et/ou services ?
- Quels processus leur sont associés ?

GESTION DE L'INFORMATION

- Avez-vous des outils facilitant l'arrivée de nouveaux membres dans votre équipe ?
- Avez-vous un système suivi de gestion des formations ?
- Votre entreprise s'est-elle acquittée de la Contribution à la formation professionnelle (CFP) ?
- Avez-vous besoin de faire circuler au sein de votre équipe un glossaire explicitant le vocabulaire régulièrement utilisé ?
- Avez-vous mis en place un système d'intelligence ? (voir plus bas)

ENTRETIEN

- Avez-vous des infrastructures à entretenir ?
- Faites-vous un suivi de l'entretien ?
- Avez-vous besoin de faire calibrer vos outils ?
- Qui est responsable du nettoyage des locaux ?

PLANIFICATION

- Dressez la liste des éléments qui doivent être planifiés : budget, échéances, répartition des tâches, réunions, workshops, évaluations annuelles, augmentations de salaire, recherche de stagiaires...

SERVICES ENTREPRISE

- Avez-vous des actions et projets avec les autres départements interfaces de vos services ? Tels que les ressources humaines, la DAF, le juridique, l'informatique, les achats, le marketing...

Identifier les processus importants du département
Étudiez l'ensemble des procédés/processus dont votre département fait partie, en lien avec les autres départements, et ceux dont vous avez l'entière responsabilité.

Faites ressortir les compétences, les outils, les responsabilités à déléguer à votre équipe. Ne faites que la structure générale, laissez votre équipe aller dans le détail par la suite. Par exemple :

PROCESSUS DE VENTE

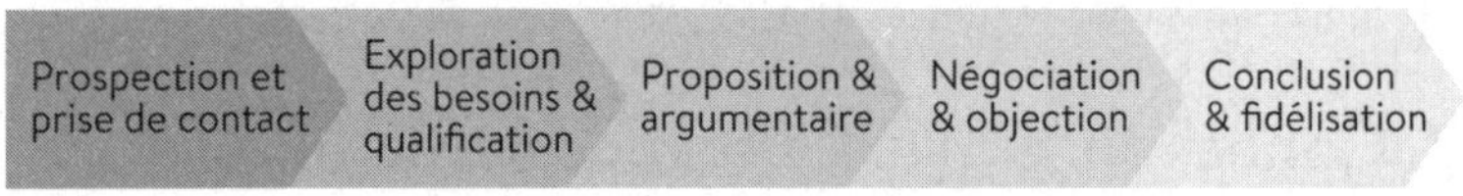

L'objectif étant de faire ressortir ce qui vous manque pour aller plus loin dans la création de votre structure.

Comprendre la structure de l'entreprise autour de votre département
Prenez le temps d'observer l'ensemble de la structure dont vous faites partie. Cela permettra en outre de créer des collaborations avec les autres et réduira les risques de duplication de responsabilités entre les départements – ce qui cause souvent un malaise entre équipes. Vous vous assurez ainsi de ne pas faire la même chose que les autres, et surtout d'éviter à votre équipe d'avoir le sentiment de travailler pour rien. Il est important d'avoir le moins de chevauchements possible dans le travail des différentes équipes. Rien de pire pour le moral que d'avoir l'impression de faire la même chose qu'une autre personne, d'avoir l'impression de perdre son temps et de ne pas ajouter de valeur !

Comprendre le vocabulaire

Assurez-vous de comprendre le vocabulaire utilisé par vos supérieurs hiérarchiques et vos collègues. Nous avons l'impression que toutes les entreprises utilisent les mots de la même façon, mais ce n'est pas le cas. Par exemple, que recouvrent les attributions d'un gestionnaire de projet ? Qu'est-ce qu'un projet ? Un produit ? Qu'est-ce qu'une fonction ? Un système, un procédé, un processus ? Vous venez probablement d'entreprises différentes et les mots sont teintés des expériences passées. Cela vous aidera à bien définir les liens et les limites de vos responsabilités.

3. Concevoir la *Work Breakdown Structure* de votre département

Maintenant que vous avez fait ressortir la liste des éléments importants de votre département, il faut créer une carte de votre département plus précise et en faire ressortir une structure plus détaillée. L'objectif à cette étape est donc de concevoir une « *Work Breakdown Structure* ». Qu'est-ce que c'est ? C'est la décomposition hiérarchique des travaux nécessaires pour réaliser les objectifs d'un projet. À savoir une matrice qui lie les éléments ensemble en faisant ressortir les fonctions et les systèmes de votre département, comme un organigramme.

Voici ci-dessous un exemple de « *Work Breakdown Structure* ». Imaginons que vous êtes à la tête d'un restaurant. À la verticale, vous placerez les fonctions, sortes de sous-groupes (« Cuisine », Service », « Gestion », etc.). À l'horizontal, vous placerez les systèmes communs aux sous-groupes, par exemple la caisse est utilisée par les sous-groupes « Gestion », « Accueil » et « Service ». La personne responsable du système de la caisse doit donc s'assurer que les différents sous-groupes utilisent les caisses de la même façon. Il existe plusieurs façons de diviser le travail, d'où l'importance de le rendre clair pour l'équipe. Par exemple, dans un autre restaurant il se peut que la caisse soit utilisée uniquement par l'équipe « Accueil ».

Qu'est-ce exactement qu'une fonction et qu'un système ? Bien souvent les fonctions sont les expertises et les tâches techniques dont votre département a la maîtrise. Par exemple : expertise en design, en analyse marketing, en réseaux sociaux, en comptabilité, en création de produit...

Les systèmes, eux, sont tous les éléments communs nécessaires. Par exemple, tout ce qui concerne l'infrastructure (les bureaux, les laboratoires, les serveurs, les uniformes), la gestion de l'information (les bases de données, les réunions, le processus de formation), les processus où les membres de votre équipe doivent interagir (processus de vente, de qualification d'un nouveau procédé de fabrication, etc.).

Les systèmes sont très importants dans la structure, car ils vous aident à créer des standards et de bonnes pratiques, un environnement qui stimule l'unicité et la fierté, à vous améliorer continuellement, à être plus efficace, à stimuler la collaboration entre les membres d'un groupe.

WORK BREAKDOWN STRUCTURE

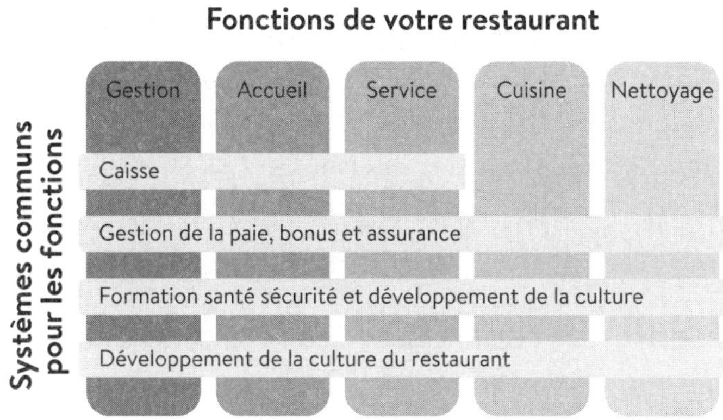

Grâce à cet organigramme, il devient alors plus facile d'identifier les personnes responsables, de déléguer des responsabilités claires à votre équipe et même de relier les départements. Par exemple, votre entreprise a un département de formation : sont-ils responsables de créer des formations pour votre équipe ou bien ne créent-ils que des outils généraux ? Ou encore, s'il y a un département d'entretien, vous saurez que vous n'aurez pas à vous charger de la gestion des déchets, mais simplement vous assurer que vos besoins sont compris par le service de l'entreprise.

Selon les besoins de votre département et la structure de l'entreprise, il vous sera donc possible d'identifier si vous avez besoin de créer une nouvelle fonction, un nouveau système, ou si vous devez vous relier à une autre structure de l'entreprise.

4. Identifier les projets

Après avoir dressé la liste des fonctions et des systèmes et créé votre *Work Breakdown Structure*, vous devez dresser la liste des premiers projets. Il ne faut pas seulement définir des projets techniques, mais également des projets en lien avec votre structure. Par exemple mettre en place les patrons et standards ou les infrastructures physiques et digitales.

5. Présenter et répartissez les responsabilités

Tout ce beau travail doit être mis sur papier et présenté. Il n'est pas nécessaire de produire un million de documents, un seul est suffisant. Vous y résumerez tout ce que nous venons de voir :

- Une page pour la mission et la vision ;
- Une page pour la description de la *Work Breakdown Structure* ;
- Une page pour les premières actions et les membres de l'équipe qui en sont responsables.

Illustrez ce document et présentez-le à votre patron, à vos collègues et à votre équipe. Cela générera des questions et vous aurez des discussions intéressantes qui vous aideront à mieux définir et améliorer votre département. Je peux vous garantir que faire l'exercice en groupe fait ressortir ce que j'appelle des « trésors ».

LES TRÉSORS

De quoi s'agit-il ? C'est une émotion qui survient, quelle qu'elle soit, et aide l'équipe à s'améliorer.

L'image est la suivante : imaginez que vous marchez sur la plage et que tout d'un coup vous trébuchez sur un trésor enfoui dans le sable... Que se passe-t-il ? D'abord, vous éprouvez une sensation, quelle qu'elle soit (surprise, douleur – surtout si vous vous êtes cogné le petit orteil !). Soit vous vous arrêtez à la sensation de douleur, soit vous prenez le temps de découvrir sur quoi vous venez de tomber. Eh bien cela fonctionne de la même façon avec une émotion qui surgit et qui peut occulter le trésor sur lequel vous venez de trébucher et qui la suscite.

Moralité : découvrez ce que vos émotions vous apportent. Ne les voyez pas comme un problème, mais comme un trésor et une opportunité d'amélioration. Bien souvent les émotions mènent vers le futur, elles nous aident à identifier les risques et à lancer des actions.

6. Testez et ajustez

Testez le premier jet en sachant très bien que ce n'est que la version 1. Pas besoin d'être parfait, simplement de commencer, l'important est de créer du mouvement. Cet état d'esprit vous aidera à ne pas trop vous attacher à votre structure et vous permettra de l'améliorer constamment, avec l'aide des autres départements.

Et puis lancez-vous ! Il n'y a pas de version parfaite. La clé, c'est le temps, vous avez donné là à votre équipe une base pour travailler ensemble en fonction du passé et demain, à force d'utilisation et d'interactions avec les autres départements, les choses seront différentes. Votre département devra s'adapter. L'important est d'être à l'écoute et de s'ajuster, d'être un arbre, flexible à son environnement.

Et reposez-vous les mêmes questions régulièrement ! Pour de jeunes entreprises, c'est une bonne idée de faire cet exercice tous les deux ou trois mois ; pour les entreprises plus anciennes, faire l'exercice une fois tous les six mois peut suffire.

Une fois que la structure de base est en place, il faut maintenant prendre le temps d'éclaircir les responsabilités de chacun.

RÉPARTIR LES RESPONSABILITÉS

Pour que votre équipe soit responsable, vous devez être clair sur ce que vous attendez de chacun des membres. S'ils ne connaissent pas les limites de leur niveau décisionnel et de leur autorité, ils seront moins rapides dans leur prise de décision et leurs initiatives. Voire, ils seront paralysés par la peur de faire des erreurs et ils attendront que vous les guidiez pas à pas.

La fiche de poste, qui décrit généralement les responsabilités, est un premier document pour commencer à préciser le poste. Elle évoluera certainement ensuite.

Deuxième outil pour aider à préciser les rôles de chacun en fonction des projets et des objectifs : la matrice RACI.

La matrice RACI

La matrice RACI (*Responsible, Accountable, Consulted and Informed*), relativement bien connue, aide à identifier les rôles et les responsabilités de chacun dans un projet et à se poser les bonnes questions.

C'est un tableau que vous pouvez créer sur Excel. Dans les colonnes, décortiquez un projet en étapes, en considérant les tâches, les jalons (*milestones*) et les prises de décision importantes – ou tout autre élément qu'il pourrait être intéressant d'analyser. Sur les lignes, faites la même chose pour la structure organisationnelle du projet. Si vous n'avez pas vraiment de structure organisationnelle, pensez aux rôles majeurs que les différentes parties prenantes doivent remplir pour réaliser le projet (gestionnaire du projet, commanditaires, utilisateurs du produit, spécialistes, techniciens, département financier, marketing, etc.).

Dans chacune des cases de la matrice, vous pouvez maintenant indiquer la lettre correspondante pour chaque membre de l'équipe :

- R : Pour celui qui réalise la tâche ou l'activité ;
- A : Pour celui qui est responsable (*accountable*). Bien souvent, la personne qui réalise l'action sera responsable, mais il arrive que ce ne soit pas le cas.

Un technicien qui assiste un ingénieur lors de la création d'un plan, par exemple, réalisera l'activité, mais la responsabilité de l'action incombera à l'ingénieur. C'est la même chose pour l'assistante qui corrige un texte, mais qui n'est pas responsable de la qualité et de la validité des informations transmises ;

- **C :** Pour toutes les personnes qui doivent être consultées avant une prise de décision. Idéalement, la liste ne devrait pas être très longue, car s'il y a trop de personnes à consulter, cela ralentit les projets et donne souvent une mauvaise perception des rôles et des responsabilités assumés ;
- **I :** Pour toutes les personnes qui doivent être informées en cours de projet, une fois les plans fixés et les décisions prises. À noter que le niveau d'information peut varier en fonction de la personne. Vous pourriez, pour vous aider, créer trois niveaux de communication et établir ensuite des listes de distribution adéquates pour informer les bonnes personnes au bon moment.

Voici un modèle que vous pouvez compléter en prenant l'un de vos projets :

Liste des étapes et jalons importants	Types de rôles			
	Rôle 1	Rôle 2	Rôle 3	...
Étape 1				
Étape 2				
...				
Jalons				
Étape				
...				

Inscrire R, A, C, I dans chacune des cases du tableau.

L'idéal est de créer cette matrice en équipe. Vous serez surpris de voir à quel point chacun perçoit les rôles à assumer de façon différente ! Le plus important n'est donc pas d'avoir une matrice parfaite, mais d'atteindre un consensus. Il est même possible que votre équipe fasse l'exercice seule et vous demande votre avis uniquement si besoin.

C'est la discussion qui est cruciale, car on a tendance à prendre pour acquise la structure de notre ancienne entreprise, ce qui crée des manques et des conflits. Une personne peut s'attendre par exemple que le service des achats contacte les fournisseurs, tandis que dans certaines entreprises, ce sont plutôt les ingénieurs qui le font.

À noter avant de vous lancer : il est possible de créer un tableau très détaillé – peut-être trop détaillé. Assurez-vous de garder le bon niveau de détail pour stimuler les bonnes discussions. Trop de détails pourraient paralyser l'équipe et compliquer les choses. Si en vous lançant vous voyez que vous n'arrivez pas à converger, changez alors de niveau d'échelle.

Et une fois que tout cela sera en place, vous pourrez créer votre système d'intelligence.

INVENTER UN SYSTÈME D'INTELLIGENCE

Qu'est-ce qu'un système d'intelligence ? C'est une vue d'ensemble sur toutes les interconnexions. C'est un excellent pas pour aider votre équipe à naviguer dans la structure de l'entreprise. Cela augmentera la capacité de votre équipe à innover, être autonome et relever des défis. Alors prendre le temps de bien les mettre en place apporte une réelle valeur ajoutée.

> « *Un système d'intelligence est un ensemble de mesures permettant à chacun d'avoir accès à l'information nécessaire à la meilleure prise de décision.* »

Est-ce que votre équipe possède un système d'intelligence commun ? Il permet aux individus de travailler ensemble intelligemment et donc plus efficacement. Si vous constatez que pour prendre une décision au sein de votre entreprise, il faut que tout le monde assiste aux réunions, ce n'est pas efficace. Et si vous avez l'impression que vous devez être en copie de tous les mails de votre équipe, c'est un indice que votre système d'intelligence a besoin d'amélioration...

Ce n'est pas forcément le meilleur plan qui gagne, c'est plutôt une équipe intelligente et informée qui mène à la victoire.

Les premiers temps, on insiste beaucoup sur les objectifs et les plans de projet. Mais, lorsque les objectifs et les plans ne font plus de sens, il faut pouvoir l'identifier et se reposer sur la structure. Sans partage d'information sur l'ensemble, votre équipe ne sera pas en mesure de savoir si ses objectifs et ses projets sont alignés avec l'évolution de votre entreprise. Et que se passera-t-il si le plan ne fonctionne pas ? Devra-t-on continuer avec ce même plan ? Évidemment non, mais pour que votre équipe soit capable de modifier le plan en cours de route, elle a besoin d'un système d'intelligence commun (si vous êtes un fan de science-fiction, vous pouvez imaginer transformer votre équipe en un réseau de cyborgs !).

Comment changer pour le mieux si vous n'avez pas toutes les informations ? Pour remédier à cette situation, il vous faut créer votre système d'intelligence. Il aide votre équipe à évoluer dans le temps. Encore une fois la clé, c'est le temps et le manager se doit être un voyageur du temps et fournir les outils à son équipe pour le faire.

C'est notamment grâce à votre capacité à anticiper le futur que vous pouvez prendre des décisions. Tous les membres de votre équipe sont aussi des leaders, puisqu'ils sont leaders de projets ou de processus ou de partie de processus. Tout le monde doit prendre des décisions en temps réel, en fonction des informations disponibles. Si l'information n'est pas disponible, la décision est biaisée.

Avec les années, je me suis rendu compte que la majeure partie du temps tout est une question d'information et de point de vue. Il est bien rare qu'une personne prenne délibérément une mauvaise décision. Alors plus notre système d'intelligence est efficace et plus les décisions prises par l'équipe seront adéquates.

Et c'est parce qu'on aura mis en place un système d'intelligence qu'on pourra mieux communiquer entre nous et donc, visualiser. Nous le comprendrons dans les parties suivantes de ce livre, mais je vous avance déjà ici le cercle vertueux que constituera le système d'intelligence quand on l'articulera au présent et au futur.

SYSTÈME D'INTELLIGENCE DE VOTRE ÉQUIPE

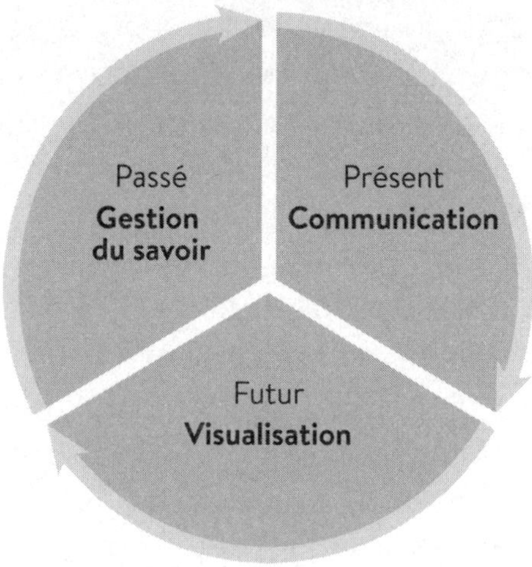

Comment développer votre système d'intelligence ?

Un système d'intelligence est composé de plusieurs éléments qui peuvent varier et dépendre de votre équipe. Je vous donne ici les étapes-clés pour créer un système d'intelligence, celles que j'ai moi-même mises en place dans la plupart de mes postes. Sachez toutefois qu'il n'y a pas de solution parfaite et que, quel que soit le système, il servira avant tout à améliorer la prise de connaissance et de conscience. Je conseillerais même de ne pas avoir un système parfait dès le début, car cela n'encourage pas l'équipe à contribuer à l'améliorer. De plus, vous risquez de rencontrer une grande résistance si vous tentez d'implémenter un système que l'on pourrait penser trop rigide. Il est donc vraiment important de communiquer dès le début sur le fait qu'il peut s'adapter, évoluer. Donc, n'attendez pas d'avoir la solution idéale pour commencer. Lancez-vous, tout simplement ! Faites le test et tenez compte des retours de votre équipe pour vous ajuster.

Les étapes-clés

Créer une base de données, ou le *Knowledge management*

Le *Knownledge management*, ou la « gestion du savoir » en français, c'est en fait une base de données où il est facile d'aller chercher l'information.

Ainsi, si l'un des membres de l'équipe quitte l'entreprise, vous pouvez conserver son savoir – du moins en partie, car il est clair que rien ne peut remplacer les individus. Ou bien lorsque vous développez des technologies, vous pouvez accélérer le processus grâce aux données des projets précédents. Et puis pouvoir faire un retour facilement sur ce qui a été fait dans l'année permet de mettre en valeur le travail de l'équipe.

Commencez toujours par une liste simple, car il est plus facile d'ajouter des éléments dans une base de données que d'en enlever. En commençant petit, vous éviterez de faire peur aux membres de votre équipe avec une charge de travail qui pourrait leur sembler insurmontable. Une fois que tout le monde aura embarqué, vous pourrez alors décider d'ajouter de nouvelles informations selon vos besoins. Évidemment, la liste d'informations collectées devra être adaptée à votre département, voici toutefois le type d'informations que j'aime bien collecter :

- Le titre et la description simple du projet ;
- Le temps nécessaire à son accomplissement ;
- Si vous développez des produits, le procédé de fabrication utilisé ;
- Qui y a contribué ;
- À quoi peuvent servir ces informations (par ex. : un budget, une étude marketing, un brevet, une publication, un prototype, un rapport, une analyse).

LA GESTION DU SAVOIR
CRÉER SA BASE DE DONNÉES

Où consigner sa liste ? Il existe plusieurs outils de gestion du savoir sur le marché, parfois un simple fichier Excel peut suffire pour commencer.

Un outil que j'affectionne et que j'utilise particulièrement est Airtable. C'est un logiciel simple à utiliser qui permet de regarder l'information sous plusieurs angles et de générer des graphiques. Il permet aussi de créer des formulaires simples pour remplir la base de données, ce qui facilite l'implication de l'équipe.

Que vous utilisiez Excel, Airtable ou un autre logiciel, il est important de :

- Bien identifier le niveau d'information à documenter (trop d'informations tue le système ; pas assez aussi) ;
- Partager l'accès à l'information ;
- Garder un certain niveau de flexibilité sur le format de la documentation ;
- Encourager l'utilisation du système en montrant que vous contribuez à constituer la base de données et que vous utilisez l'information que vous y trouvez ;
- Nettoyer la base de données régulièrement ;
- S'assurer qu'elle soit le plus à jour possible.

N'hésitez pas à utiliser ces données et à sortir des rapports régulièrement pour présenter l'évolution de l'information. Cette information pourrait être la base de mesure de vos indicateurs de performance. Vous verrez qu'il est assez simple de trouver le nombre de rapports, de procédures, d'analyses, de brevets, d'articles, d'études marketing que vous avez pu produire pendant l'année. Et quelle motivation à la fin de l'année de voir tout ce que vous avez été capable de faire en équipe !

Mettre en place des indicateurs-clés de performance , les *Key Performance Indicators*, ou KPI)

Grâce à la mise en place de cet outil de gestion du savoir, vous pouvez maintenant dégager des tendances. Par exemple la quantité de documents, de formations suivies, le nombre d'accidents répertoriés, de présentations faites aux équipes, etc. Ce genre d'informations m'a déjà aidé à identifier si mon équipe continuait à son travail : lorsque l'on passe de 100 documents par mois à 10, on se pose des questions ! On lance alors une action pour comprendre les causes de ce changement : Qu'est-ce qui a empêché les équipes de renseigner leur travail ? Il peut s'agir d'un problème informatique, ou de procédure, mais dans tous les cas, c'est une situation à améliorer. Dès que l'on voit facilement les effets de son travail sur des résultats, c'est bien plus motivant et responsabilisant. Lorsqu'une personne se sent responsabilisée, elle va facilement dépasser les attentes. Elle prendra des initiatives pour constamment améliorer la situation.

Il existe plusieurs types de tendances à dégager, voici quelques idées de *Key Performance Indicators* (KPI), c'est-à-dire d'indicateurs-clés de performance :

- **Quantitatifs** : Des chiffres (nombre d'accidents, d'idées, de clients, etc.) ;
- **Qualitatifs** : Des opinions, des caractéristiques (comme les résultats à un sondage de satisfaction) ;
- **Entrants/sortants** : Par exemple, le nombre de personnes nécessaires pour atteindre un résultat ou le nombre de brevets, de papiers scientifiques, de ventes, de projets terminés ;

- **Financiers :** Ils analysent la viabilité économique, la croissance, par exemple une marge bénéficiaire brute, un bénéfice net, des comptes clients vieillissants, des ratios d'actifs, etc.

Pour bien définir vos indicateurs, pensez à tout ce que vous pouvez mesurer et qui pourrait vous donner une indication de l'évolution de votre équipe. Faites des tests et essayez ! C'est en observant la réalité du terrain que vous pourrez définir si un indicateur-clé de performance est utile ou non.

Par exemple, si vous êtes responsable RH, quels seraient, selon vous, les indicateurs importants pour votre équipe ? Le nombre d'annonces parues ? Le nombre d'entretiens d'embauche effectués ? La capacité de votre équipe à sélectionner les candidats ? À mesurer le potentiel pour limiter le nombre d'entretiens d'embauche ? Aucune de ces réponses n'est bonne ou mauvaise. C'est à vous, avec votre équipe de déterminer l'information qui vous permettra de prendre les bonnes décisions stratégiques.

Alors avant de vous lancer dans la création de vos KPI, je vous encourage, si ce n'est pas déjà fait, à réfléchir à la mission et la vision de votre département. Pourquoi votre équipe existe-t-elle ? Quels sont les services que vous offrez ? Si votre mission est de réduire la charge de travail de l'équipe RH, vous pouvez choisir des KPI tels que le ratio de bons candidats acceptés après entretien, ou après lecture des CV. Si ce ratio est élevé, cela démontre que le tri effectué par votre équipe est excellent. Vous pouvez aussi choisir la vitesse des étapes d'embauche, comme le temps écoulé entre la demande par l'équipe de gestion et la parution de l'annonce, ou le temps entre la parution de l'annonce et la signature du contrat par le nouveau candidat. En revanche, la quantité de personnes reçues en entretien ne serait pas un bon KPI, car cela pousserait votre équipe à considérer que c'est la quantité qui prime sur la qualité. Soyez très vigilant lorsque vous définissez vos indicateurs-clés de performance. Assurez-vous qu'ils stimulent les bonnes pratiques en fonction de votre mission d'équipe.

Il est ensuite possible de regarder ces indicateurs sous plusieurs angles :

- **L'angle temporel :** Utilisez les indicateurs de la liste ci-dessus et analysez-les en fonction d'une période. Par exemple, le temps moyen pour accomplir une tâche, pour répondre à un appel, le nombre d'incidents par année ;
- **L'angle directionnel ou différentiel :** Dès qu'on observe un indicateur en fonction du temps, il est possible de regarder les tendances, la direction tangentielle de l'indicateur. Est-ce que le temps moyen d'une activité augmente ? Est-ce que le nombre d'accidents par année diminue ?

Un indicateur-clé de performance peut être affecté par plusieurs éléments. Parfois, une mauvaise tendance peut être la répercussion d'un facteur extérieur, comme l'impact de la pandémie sur les coûts d'importation. Il faut tempérer les résultats obtenus grâce à vos indicateurs-clés de performance, car ce ne sont que des outils d'analyse mis en place pour générer des discussions et des actions visant à l'amélioration. N'oubliez pas également qu'il existe une différence entre la faute et la responsabilité lorsque vous cherchez à améliorer une situation.

Dans tout cela, vous devez favoriser la responsabilisation de votre équipe :

- Votre équipe doit être impliquée dans le système de collecte de l'information.
- Les indicateurs-clés de performance doivent être connus.
- Vous devez prendre le temps d'analyser les résultats avec les membres de votre équipe, avoir une discussion avec eux après la collecte.
- Vous pouvez décider de déléguer la mesure des indicateurs à certaines personnes de votre équipe, mais pour cela assurez-vous d'être clair sur le niveau de responsabilité et demandez-vous si vous déléguez seulement la mesure, ou si vous souhaitez aussi déléguer la responsabilité de prendre des actions pour son amélioration.
- Gardez ces indicateurs vivants. Si un indicateur n'évolue pas, il devient rapidement inutile. Si vous ne l'utilisez pas pour stimuler votre équipe, ne le conservez pas. Votre indicateur deviendrait alors une tâche administrative inutile.
- Remettez constamment vos indicateurs-clés en question et demandez-vous : Est-ce le bon indicateur pour stimuler l'équipe ? Aide-t-il à analyser le fonctionnement et la performance ?

Un indicateur est responsabilisant et stimulant s'il stimule les conversations et aide à trouver des solutions. Rappelez-vous qu'un indicateur-clé de performance est un outil pour prendre des décisions stratégiques, faites alors attention à ce que ces indicateurs ne deviennent pas un outil d'évaluation de la performance individuelle, surtout lorsqu'il s'agit d'indicateurs d'équipe. N'oubliez pas non plus qu'il peut être déresponsabilisant d'avoir la charge d'un indicateur dont vous ne maîtrisez pas l'évolution à 100 %.

Maintenant que notre système d'intelligence est en place, passons à la dernière étape : la création des processus.

CRÉER DES PROCESSUS SOLIDES

Depuis quelques années, je vois apparaître un nombre grandissant de gestionnaires et de managers réfractaires aux processus. Je partage d'une certaine façon leur point de vue, car j'ai moi aussi été exposée à des processus trop compliqués, qui ne tenaient pas la route et que peu de personnes suivaient. Ces processus rendaient souvent le travail plus complexe qu'il n'aurait dû l'être. Il arrive même que les employés ne connaissent pas l'existence de certains processus qui les concernent au sein même de leur entreprise, par manque de communication.

Peu de personnes se rendent compte que les processus sont pourtant là pour lier les différents systèmes et fonctions que nous avons vus plus haut. Ils connectent les différents services et départements de l'entreprise. Par exemple, le processus d'achat est là pour faire le lien entre le département de comptabilité, les ingénieurs, les ouvriers et le management. Ou encore votre processus d'acquisition de talents connecte votre équipe des ressources humaines avec le management et la finance.

Ils permettent de connaître les limites des responsabilités de votre département vis-à-vis des autres départements et jouent un rôle essentiel dans la définition des rôles et responsabilités de chacun. Ils renforcent aussi les méthodes de travail afin d'atteindre une qualité supérieure. Il est donc important de connaître la liste des processus de votre entreprise qui ont des effets sur votre équipe et d'identifier les processus internes à votre groupe. Et surtout, il est essentiel de ne pas seulement créer des processus sur le papier que personne ne suivra, mais des processus solides.

Qu'est-ce qu'un processus ?

Même si vous détestez les processus, que vous pensez qu'ils sont inutiles et que vous faites tout ce que vous pouvez pour ne pas en créer, vous n'y échapperez pas ! Il y a des processus dans toutes les entreprises. Dès que plusieurs personnes ou départements interagissent, le besoin de créer un processus va se faire sentir.

Et si vous ne le mettez pas correctement en place, si vous ne prenez pas le temps d'identifier les étapes importantes, chacun tentera, de façon désorganisée, de mettre en place son processus. Avec un risque d'échec, car personne n'aura une vue d'ensemble suffisante et ces processus invisibles et désorganisés créeront de la confusion et réduiront la qualité et l'efficacité de votre entreprise.

Il existe 3 types de processus :

1. **Les processus de management** qui concernent la mise en place de la stratégie, des objectifs.

2. **Les processus de réalisation** qui concernent la réalisation d'un produit ou d'un service. Ils correspondent en quelque sorte au savoir-faire de l'entreprise. Par exemple, avoir un processus de qualification de nouveaux procédés ou design des produits.

3. **Les processus de support** qui concernent le bon déroulement des deux autres processus. Ils aident à fournir des ressources, matérielles ou non. Par exemple les processus de la maintenance, la mise à disposition de matériel ou de ressources humaines, la maîtrise de la documentation et de la communication, la métrologie, les ventes, les achats, le service à la clientèle, etc.

La mise en place de processus-clés et critiques pour l'efficacité de votre entreprise est importante afin de former rapidement les nouveaux à vos méthodes de travail et les rendre efficaces plus rapidement ; d'éclaircir les rôles et responsabilités de chacune des personnes et chacun des départements ; de mieux mesurer, de continuellement être en mouvement et en mode amélioration continue ; de motiver et responsabiliser les équipes.

Pour que ces processus soient utiles et non frustrants pour vos équipes, vous devez identifier les plus importants, ceux qui sont vraiment critiques et les mettre en place afin qu'ils soient solides.

Si vous êtes responsable d'un département et que votre entreprise n'a pas de processus identifiés, il vous faudra observer et prendre plus de temps pour identifier les interactions entre les groupes. Le chemin pour mettre en place les processus de votre département sera un peu plus long, mais cela en vaudra la peine.

SYSTÈMES ET PROCESSUS

Vous vous souvenez des systèmes que nous avons vus plus haut ? La caisse ou la gestion de la paie dans l'exemple du restaurant. Vous vous demandez peut-être quelle est la différence entre systèmes et processus. C'est simple : les systèmes représentent le « quoi » et les processus le « comment ».

Dans le corps humain, nous avons plusieurs sous-systèmes : digestif, respiratoire, circulatoire, lymphatique... Ils sont tous interconnectés pour créer le système du corps humain, comme les services et départements dans une entreprise. Dans le processus respiratoire, vos poumons prennent l'oxygène de l'air, l'acheminent à votre système sanguin, qui le transporte dans vos tissus et organes. Ce qui vous permet ensuite de marcher, de parler et de bouger.

C'est la même chose dans l'entreprise : les processus sont la séquence des activités destinées à produire un résultat particulier. Ils dépassent souvent les limites de votre département, et parfois même de votre entreprise. Par exemple, la comptabilité de votre entreprise est liée au gouvernement et à vos ventes. Les processus connectent les personnes, les flux d'informations et toutes autres ressources nécessaires pour créer et offrir de la valeur à vos clients (internes ou externes). Par exemple, pour le système des transports, il y a un processus pour la vente des billets, l'entretien des véhicules, la formation des conducteurs...

Pour être plus efficace et rapide, il est important de connaître l'ensemble des systèmes et processus de votre entreprise, et surtout d'identifier qui en est responsable. Connaître le responsable de ces systèmes ou processus vous aide à aller plus vite quand vous avez des questions ou quand vous avez besoin d'ajouter/éliminer un élément à un processus ou un système.

De plus, le fait de prendre le temps de les répertorier et d'essayer de les comprendre aide à détecter les endroits où l'information n'est pas claire, s'il manque des étapes/éléments, ou encore s'il est possible d'en éliminer (dans le cas où vous vous retrouvez à créer des rapports que personne n'utilise).

Les éléments-clés d'un processus

Il vous est probablement déjà arrivé de voir de belles présentations, très bien illustrées, sur des processus que personne ne comprend, et donc ne peut suivre. Dans ces situations, souvent, c'est que l'exercice accompli n'était qu'académique. Or il y a un temps pour être pratico-pratique. Dites-vous que si vous mettez en place un processus simple, mais solide, il ne pourra que s'améliorer avec le temps et tendre, avec l'expérience et la collaboration entre les équipes, vers un idéal utile. Pour définir un processus solide, vous devez prendre en considération 7 éléments importants. Sans eux, vous risquez de passer à côté et de créer des processus inutilisés et inefficaces.

1. Les rôles et responsabilités

Pour un processus solide, il faut, dans un premier temps, définir les rôles et responsabilités. Parmi ces rôles, vous devez déterminer qui sont :

- **Le sponsor :** L'exécutif, le « champion » du processus, la personne qui s'assure que l'ensemble des groupes participent au bon fonctionnement de la totalité du processus. Il faut savoir qu'il existe des processus à tous les niveaux organisationnels de l'entreprise. Selon le niveau du processus, vous devez associer le bon niveau de sponsor. Si le sponsor n'est pas le bon, la tâche du gestionnaire et de l'équipe sera beaucoup plus difficile à mettre en place et le processus plus difficile à renforcer. Comment déterminer le niveau du sponsor ? Si le processus touche plusieurs divisions ou départements, le sponsor devrait être le niveau d'organisation qui supervise ces divisions ou départements. Par exemple, le sponsor du processus d'acquisition de talents est le gestionnaire des ressources humaines. Lorsque vous êtes le sponsor d'un processus, n'oubliez pas qu'il est de votre responsabilité de stimuler la mise en place et l'utilisation du processus. En tant que sponsor, on doit se donner le temps pour expliquer l'importance à son équipe de le suivre et de l'améliorer continuellement.

- **Le gestionnaire du processus :** Il s'assure que les processus répondent aux besoins du sponsor et des utilisateurs et vérifie que l'ensemble des tâches sont bien effectuées par l'équipe. Car une erreur courante est de mettre en place un processus et de le laisser ensuite livré à lui-même, sans supervision pour l'améliorer. C'est ce qui fait que bien des systèmes ou processus ne servent plus et deviennent obsolètes. Je tiens à faire par ailleurs la distinction entre un gestionnaire de processus et un gestionnaire de projet. Un gestionnaire de projet va superviser un projet dans son ensemble sur une période déterminée et avec des objectifs (normalement) définis. Un gestionnaire de processus doit pour sa part mettre en place des systèmes d'amélioration continue avec les équipes concernées par le processus.
- **L'équipe :** Celle qui va mettre en place et supporter le processus. Il peut arriver, lors de la création d'un nouveau processus, d'avoir une équipe différente de celle qui s'occupera du maintien et l'amélioration. Cette équipe sera responsable de la documentation et de la formation nécessaire. Elle devra aussi s'assurer que toutes les personnes qui le peuvent participent. Cette équipe créera des rapports pour vérifier la qualité du processus. Souvent ce groupe

est constitué de personnes considérées comme de grands utilisateurs du processus. Ils sont les yeux et les oreilles sur le terrain.

- **Les utilisateurs :** Ceux qui utilisent le processus. Ils peuvent être internes ou externes à l'entreprise. Pour reprendre notre exemple RH, ce serait toutes les personnes qui lisent et sélectionnent les CV, ceux qui participent aux entretiens et à la sélection des candidats, qui envoient les contrats de travail, le management qui approuve les nouvelles embauches et salaires, etc.

2. La documentation

Tout bon processus doit être simple à expliquer. Idéalement vous devriez créer une série de documents, avec plus ou moins de détails, qui peuvent répondre autant aux questions du sponsor qu'aux questions des utilisateurs. Pour ma part j'aime avoir trois niveaux de détail pour la documentation de mes processus :

- **Une page simple sous forme d'illustration** qui identifie les éléments de structure essentiels. Comme la description des étapes (à haut niveau) : comment rejoindre l'équipe et/ou où se trouve l'information plus détaillée. Si vous avez la chance de vous faire assister d'un graphiste, cela en vaut vraiment la peine. Car votre processus pourrait peut-être aider à rallier les équipes, à créer un esprit de communauté ; voire devenir un élément stratégique de l'entreprise qui pourrait être présenté aux investisseurs. J'aime souvent à cette étape donner un nom au processus, par exemple, si vos grandes étapes sont Organiser, Implémenter et Gérer, vous pourriez appeler votre processus « La Méthode OIG ».

- **Un PowerPoint** composé de quelques diapositives, donnant un peu plus de détails, mais également illustré.
- **Un document détaillé** qui sera en amélioration constante, avec davantage de détails encore. C'est ce type de document que vous utiliserez si vous devez faire des formations. Dans l'industrie, on les appelle des SOP (« Standard Operating Procedure »).

Vous verrez aussi qu'il est important de bien documenter, car votre processus pourrait devenir un élément essentiel lors d'un audit de votre entreprise. Ou encore, votre entreprise pourrait souhaiter utiliser les informations générées pour offrir un meilleur service à la clientèle par exemple.

À noter : si votre entreprise doit être certifiée ISO9001, je vous conseille d'avoir un numéro d'identification pour chacun de vos documents et un système d'identification des versions.

3. L'équipe

Si vous voulez que votre processus soit un succès, il est important de ne pas vous limiter à la documentation ou à la création de belles présentations. Il faut prendre le temps de promouvoir votre processus et former. C'est la base si vous voulez que tous les utilisateurs adhèrent.

Cela serait une erreur de simplement envoyer la documentation et de ne pas rencontrer vos utilisateurs.

Grâce à leurs questions, vous pourrez apprendre plusieurs choses et identifier les éléments à améliorer pour la prochaine version. La formation est primordiale également, car un utilisateur qui ne sait pas comment utiliser votre processus risque de développer son propre processus en parallèle.

Réfléchissez : si vous craignez d'expliquer et former les utilisateurs à votre processus, est-ce parce que vous n'avez pas encore le bon sponsor dans l'entreprise ? Votre processus est trop compliqué ? Vous n'avez pas inclus les bonnes personnes pendant son élaboration ?

Lancez une formation, faites une présentation à un petit groupe. Dans le pire des cas, vous aurez des retours set vous découvrirez peut-être de nouveaux utilisateurs ou un meilleur sponsor. Commencez avec un document simple qui créera un consensus et vous aidera à trouver les acteurs.

4. Les entrées et les sorties

Tous les processus possèdent des entrées et des sorties. Par exemple, le processus d'acquisition de talents a des CV et des candidats en entrées, et des évaluations de candidats et des contrats signés en sorties.

Plus vos entrées et sorties seront claires et plus il vous sera facile de créer votre processus. Forcez-vous à rester le plus simple possible. Identifiez les entrants et sortants qui auront le plus d'impact pour vos utilisateurs premiers et votre sponsor.

5. Le choix des outils

Il est important de commencer avec des outils simples qui seront faciles à modifier pour collecter les entrants et générer les sortants. Gardez en tête aussi que si votre système de collecte est trop complexe, vous rencontrerez des difficultés à commencer et à l'améliorer rapidement. N'investissez pas trop dans des infrastructures, sans savoir vraiment ce qui est essentiel et sans avoir testé quelques mois durant.

Il est facile de penser qu'un logiciel ou une base de données puisse constituer un processus en soi, mais un logiciel n'est qu'un outil, ne commettez pas cette erreur.

Une autre erreur souvent rencontrée est de vouloir implémenter un processus que vous maîtrisiez parfaitement dans votre ancienne entreprise ! Même si cela peut vous aider et vous influencer, il n'est jamais très agréable d'entendre un collègue dire : « Dans mon ancienne entreprise, on faisait ça comme ça. » Il est fondamental de créer quelque chose qui vous appartient et qui soit lié à aux besoins de votre nouvelle entreprise.

6. L'amélioration continue

Une fois le processus en place, ce n'est pas terminé, il vous faudra entretenir le processus. Pensez au mouvement !

Cela inclut la formation des nouveaux utilisateurs, la collecte d'information sur les problèmes/manques du processus, la promotion du processus au sein de l'entreprise pour en montrer ses effets positifs.

Même pour des processus anciens, il est bien aussi de recueillir des retours de l'équipe et des utilisateurs au moins une à deux fois par an. Encouragez les retours tout au long de l'année, grâce, par exemple, à une boîte à idées ou un mail de contact. Un processus qui ne peut être amélioré ou changé selon les besoins de ses utilisateurs perd de sa solidité et risque fort de ne plus être utilisé.

7. Les interconnexions

Ce dernier élément est aussi important que les autres, voire plus. En réalité, votre processus n'est qu'un des systèmes de votre entreprise. Un peu comme le système sanguin dans le corps : sans les systèmes nerveux, digestif ou respiratoire, le système sanguin ne peut fonctionner.

En tant que gestionnaire et sponsor vous avez le devoir de réfléchir aux autres systèmes qui entrent en lien avec le vôtre. Par exemple, le processus d'acquisition de talents est connecté avec le service financier, les besoins de l'entreprise et le développement de la culture souhaitée et des valeurs de l'entreprise. Vous ne pourrez mettre en place votre processus d'acquisition de talents sans prendre en considération ces éléments.

Penser donc aux interconnexions. Si les processus sont pensés individuellement, je peux vous garantir qu'il y aura de la confusion, des doublons et, par conséquent, de la frustration. Par exemple, qui est responsable de la qualité d'un fournisseur après que le contrat a été signé : est-ce l'équipe de la qualité ou l'équipe des achats ? Soyez vigilant à ne pas créer des processus isolés. Rappelez-vous que votre processus n'est qu'une partie de l'ensemble des processus de votre organisation.

Nous voici donc au terme de ce voyage dans le passé. Votre structure complète inclut une mission, une vision, une division du travail et des responsabilités, la mise en place d'un système d'intelligence et le développement de processus. Vous possédez désormais toutes les bases du manager. Un manager qui maîtrise le passé est un manager qui a pris le temps de se connaître et de structurer son équipe pour bien travailler et atteindre les objectifs.

Une fois que tout cela est calé, vous allez pouvoir vous ancrer dans le présent, communiquer avec l'ensemble de l'entreprise et guider votre équipe en prenant les bonnes décisions.

PARTIE 2

ÊTRE À L'ÉCOUTE DU PRÉSENT

Dans le monde de l'entreprise, le travail d'équipe est essentiel pour atteindre des buts communs. Et le leader, dans sa tâche de conduire des individus à atteindre certains objectifs, doit être capable de guider, d'inspirer son équipe.

Mais pour bien guider, il faut d'abord savoir bien communiquer, et pour cela, être capable d'analyser une situation, d'adapter son style en fonction des interlocuteurs et de déléguer au bon moment. Tout cela permet de développer de bonnes relations, cruciales pour dépasser les moments les plus difficiles.

Pour le voyageur dans le temps, l'ancrage dans le moment présent provient donc de sa capacité à se connecter. Avec lui-même, avec son équipe et avec l'entreprise. En outre, il doit stimuler des synergies positives, faire en sorte de relier son équipe à celles des autres départements et de stimuler leur engagement.

SE CONNECTER

Le manager fait partie d'un écosystème, par définition il ne peut fonctionner seul.

Premier commandement, donc : se connecter avec les autres. Développer ses relations permettra au manager de recueillir des retours de son équipe et de ses collègues pour obtenir la meilleure vue d'ensemble ; d'aller chercher de l'aide lorsque nécessaire, autant au sein de son équipe que dans les autres départements de l'entreprise ; de communiquer l'avancée des projets réalisés, qui pourraient avoir un impact sur les plans et objectifs des autres départements ; de promouvoir ses résultats ; ou encore de promouvoir ses idées.

Comment faire pour se connecter aux autres ? Le manager doit développer des aptitudes communicatives et créer de véritables relations tout autour de lui. Sans cela, il sera inévitablement isolé, n'aura pas de vue d'ensemble ni de visibilité dans l'entreprise. Mais surtout, il ne pourra pas répondre correctement de ses responsabilités, notamment celles de guider et de développer.

Il faut donc être capable d'ajuster sa communication en temps réel, de développer ses relations et de bien comprendre les enjeux propres à son poste.

COMMUNIQUER EN TEMPS RÉEL

On entend souvent dire : « Une bonne communication n'est pas nécessairement plus communiquer, mais mieux communiquer. » Mais que veut dire « mieux communiquer » ? Bien se comprendre ? Avoir une bonne qualité d'écoute ? Ne pas se laisser distraire ? Accepter les différences/être ouvert d'esprit ? Travailler le ton, l'intention, la gestuelle, le contact visuel ? Ne pas craindre les silences ?

Un peu de tout cela bien sûr. Mais le véritable défi est de l'appliquer en temps réel. Nous sommes des êtres imparfaits et en constante évolution, une compréhension complète et entière est donc utopique. Avoir un esprit ouvert sur tout, saisir en tout temps tous les aspects de notre message, éviter toutes distractions ne sont que de beaux principes. En revanche, quel que soit notre état, il est possible est de faire appel à des outils pour s'ajuster en temps réel. C'est le signe d'une bonne communication : dynamique, qui s'ajuste en cours de route pour refléter l'ensemble des besoins des interlocuteurs.

Les signaux d'une bonne communication

Quand une communication est harmonieuse et stimulante, on se sent bien. Lorsque l'on communique avec quelqu'un, il se passe un peu la même chose qu'en musique. Pour que deux instruments jouent harmonieusement ensemble, il faudra jouer la même mélodie au même rythme, sur la même tonalité et au bon volume. Transposé à la communication, cela signifie que les intérêts doivent être alignés, la vitesse et le niveau de détail ajustés, et l'énergie adaptée.

La mélodie/les intérêts

Il vous est sûrement déjà arrivé de parler avec quelqu'un et que le sujet abordé vous ennuie. La cause en est un mauvais alignement des intérêts : les deux instruments ne jouent pas la même mélodie ; les deux interlocuteurs n'ont pas trouvé d'intérêt qui leur parle à tous les deux. Comme deux personnes qui n'aimeraient pas le même genre de musique.

Or pour avoir une bonne communication, il faut trouver des sujets d'intérêt commun. S'il n'y en a pas, la communication peut être respectueuse, mais elle ne sera pas de qualité ; ce sera au mieux un très beau monologue. Ces sujets partagés peuvent être liés à des frustrations, des apprentissages, un travail ou un but. Par exemple, pour informer de son travail, votre collègue aime écrire des rapports, tandis que vous préférez communiquer verbalement auprès des personnes concernées. Quand votre collègue vous parle de son rapport, il vous est donc difficile de vous y intéresser. Une meilleure communication entre vous deux consisterait alors à vous recentrer sur le fond, et non sur la forme.

Le rythme/la vitesse

Parler à une personne qui a un débit tellement lent qu'il est ennuyeux ou tellement rapide que vous n'avez même pas le temps de réfléchir ou de placer un mot est le signe d'une vitesse de communication inadaptée. Un petit silence peut donner par exemple l'impression à ceux qui parlent rapidement que l'interlocuteur a terminé ; voilà alors qu'ils s'empressent de répondre…

Dans ce cas, le signal envoyé est que vous n'écoutez pas ou que vous coupez la parole – et donc manquez de respect.

Imaginons que votre interlocuteur vous dise : « Laisse-moi terminer, je n'ai pas fini. » Vous aviez pourtant l'impression qu'il avait terminé, et s'était déjà répété plusieurs fois sans apporter de nouveau. Vous avez compris et vous avez le sentiment qu'on tourne en rond. Ralentissez alors un peu, forcez-vous à faire des pauses, attendez un peu plus longtemps avant d'interagir. Une vitesse d'interaction déphasée ou décalée donne parfois l'impression que nous n'écoutons pas et que nous dominons la conversation, même si ce n'est pas le cas ou pas notre intention. Dans une communication bienveillante, on laisse le temps à l'autre de développer ses idées. Soyez conscients qu'on ne va pas tous à la même vitesse.

En musique c'est la même chose. Si vous jouez à 100 pulsations/minute et votre voisin à 120, il vous sera impossible de produire une musique harmonieuse. Il faut donc accepter de ralentir ou d'accélérer pour que la communication soit agréable et la vitesse acceptable pour les deux interlocuteurs.

La tonalité/le niveau de détail

Vous êtes-vous déjà retrouvé devant quelqu'un, expert en son domaine, qui vous donnait tant d'informations et de détails que vous ne compreniez plus rien ? Fournir à un interlocuteur plus de détails qu'il ne peut en absorber empêche une bonne connexion et une communication qui peut progresser.

Par exemple, vous êtes comptable et vous parlez avec un ingénieur à propos des processus de comptabilité. Si vous utilisez le jargon de votre métier, il y a de fortes chances qu'il ne vous comprenne pas, et ce même s'il est intéressé par le sujet et que vous lui parlez à la bonne vitesse. Pensez donc à ajuster le niveau de détail en fonction de votre interlocuteur.

Le volume/l'énergie

Avez-vous déjà vécu ces situations où une personne trop énergique vous étourdit ou une autre, trop molle, vous endort ? Vous pouvez partager vos idées à la bonne vitesse, avec le bon niveau de détail et à la bonne fréquence, si l'intensité est décalée, votre message ne passera pas. Comme l'instrument de musique qui doit ajuster son volume pour jouer harmonieusement avec l'orchestre.

Au travail, vous arrivez le matin et vous n'avez pas encore pris votre café. Votre collègue qui est là, lui, depuis une heure vient vous parler d'une nouvelle idée de façon très énergique. Même si la mélodie, la vitesse et la tonalité sont bonnes, il vous étourdira avec son énergie. Vous aurez du mal à penser et à répondre de façon cohérente. Il faut donc ajuster l'intensité et la quantité d'énergie investie. Être conscient de cela vous permettra de moduler votre niveau d'intensité, votre volume, surtout lorsque le niveau visé est loin de votre état naturel. Dès que vous communiquez avec quelqu'un, prenez donc soin de jauger ce qui intéresse votre interlocuteur dans le sujet abordé, d'adopter un rythme dynamique sans être trop rapide, d'adapter votre niveau de détail à son niveau d'expertise et votre intensité à la sienne.

Le secret : la longueur d'onde

Vous connaissez l'expression « être sur la même longueur d'onde » ? C'est ce que l'on va chercher à reproduire ici. Car le secret d'une bonne communication, c'est en réalité la longueur d'onde.

Revenons d'abord à la définition de la longueur d'onde. En physique, c'est la caractéristique de chaque onde, quelle que soit sa nature. Elle se note à l'aide de la lettre grecque lambda : λ. La longueur d'onde est en fait le rapport de la vitesse de l'onde (v), divisée par sa fréquence (f) :

$$\lambda = \frac{v}{f}$$

Pour être sur la même longueur d'onde que quelqu'un, il faudra donc ajuster deux éléments temporels : sa vitesse et sa fréquence.

La vitesse

Nous l'avons vu plus haut, la vitesse est un des enjeux d'une bonne communication. Vous pouvez avoir bien partagé l'information, mais pas à la bonne vitesse. Si vous voulez bien « vendre » une idée, il faut donc ajuster votre vitesse. Un vendeur qui vous parle trop rapidement, qui vous donne trop d'informations, génère une surcharge qui vous empêche de tout assimiler. Cela peut même entraîner un stress, car comme vous ne pouvez pas suivre, vous avez le sentiment que vous manquez des choses importantes.

Maintenant, détaillons les ressorts de la vitesse sur lesquels on peut jouer :

- **Le timing :** Il vous est sûrement déjà arrivé de demander quelque chose au mauvais moment. Si vous aviez attendu cinq minutes, la réponse aurait été différente. Parfois il est donc préférable d'attendre avant de présenter une idée, ou de laisser le temps à l'idée de faire son chemin.
- **La période :** Avez-vous déjà eu un commentaire de votre chef, déçu ou fâché que vous ne l'ayez pas appelé immédiatement après une prise de décision ? Alors qu'attendre la réunion suivante pour connaître les détails ne posait pas de problème à votre ancien chef. Chacun à des préférences sur le rythme des communications. Il s'agit donc là de synchroniser la période à laquelle on va communiquer. Par exemple, déterminer s'il est nécessaire de se parler tous les mois, toutes les semaines ou tous les jours.
- **La rapidité :** C'est à la fois la vitesse de la discussion, la vitesse à laquelle on intègre l'information ou celle avec laquelle on prend des décisions. Demander à quelqu'un de prendre une décision trop rapidement peut par exemple créer des soucis dans une relation. Il est donc parfois important, après avoir fourni une information, de laisser le temps à votre interlocuteur de faire sa propre analyse avant de demander une prise de décision. Sans cela, il y a des chances que le stress face au changement suffise à obtenir un refus. Par ailleurs, amener une nouvelle idée/décision générera probablement des effets collatéraux, il faut donc tenir compte de tous les paramètres. D'autant que, dans ce temps, chacun des membres de l'équipe pourra ajouter des éléments qui vous auraient échappé. Ne laissez pas trop de temps non

plus, auquel cas vous entraîneriez une impatience qui poussera au refus, vous risquez de perdre votre fenêtre d'action.

La fréquence

À quoi renvoie la fréquence ? C'est tout ce qui intéresse et fait résonner (on a bien dit résonner, et non raisonner – quoiqu'il soit nécessaire de faire les deux bien sûr !). Résonner, c'est faire vibrer en utilisant un vocabulaire et des histoires qui touchent. Cela peut être en lien avec le sujet discuté, l'objectif à atteindre, les priorités, les méthodes de travail utilisées, les valeurs et les besoins en jeu, les motivations personnelles ou du groupe...

Comment savoir maintenant ce qui fait résonner ? Vous pourrez y arriver par deux moyens : tester et être à l'écoute. Imaginez que nous soyons tous des pianos avec des notes différentes. Chaque piano est unique et peut jouer de la musique avec une tonalité différente. Pour jouer ensemble, il faut donc tester et être à l'écoute pour trouver les notes compatibles et harmonieuses.

Pour ajuster votre fréquence, pensez donc au sujet d'intérêt pour votre interlocuteur, au vocabulaire fréquemment utilisé, aux éléments d'appréciation qui reviennent régulièrement, aux méthodes de travail, et tentez de trouver les points communs ou compatibles avec vous. Intégrez son vocabulaire au vôtre ; abordez les sujets sous un autre angle, en variant les méthodes de travail ou les moyens de communication. Par exemple, j'ai eu dans ma carrière un patron qui détestait les ordinateurs. Son seul mode de communication était le téléphone, et pas de textos, juste des appels. Je me suis donc mise à l'appeler pour fluidifier la communication. Dans une autre entreprise, un de mes opérateurs machine, curieux de nature, aimait connaître le contexte business des choses, ce qui n'était pas courant dans ce type de postes. En l'en informant régulièrement, j'ai constaté que son intérêt et sa performance ont augmenté. Le tout est donc de penser à ce qui est important, intéressant pour votre interlocuteur et de quelle façon votre idée peut résonner en eux.

Il faut aussi ajuster, comme nous l'avons vu, son niveau de détail. Et tout au long d'une carrière de manager, il s'agira d'identifier à chaque fois le bon niveau et type de détails à partager avec qui. Ce qui intéresse votre chef ne sera pas la même chose que ce qui motivera votre équipe.

ASTUCE

Commencez par le moins de détails possible, puis allez-y crescendo. Testez ce qui fonctionne le mieux, ce qui a l'air de mettre votre interlocuteur à l'aise, sans vous mettre vous-même mal à l'aise.

Et la prochaine fois que vous aurez l'impression qu'une discussion n'est pas fluide, qu'elle est ennuyeuse ou que l'on vous coupe, demandez-vous quels paramètres seraient à ajuster pour améliorer la conversation. En réunion, si vous expliquez votre point de vue et que petit à petit vous perdez l'attention de vos interlocuteurs. Faites une pause ou posez une question pour stimuler l'interactivité. Restez curieux du point de vue des autres, écoutez-les et ajustez ce qui manque à votre conversation pour qu'elle soit une réussite.

L'énergie

Ajuster les paramètres de la longueur d'onde en temps réel vous demandera de l'énergie.

Vous vous souvenez des états naturels que nous avons vus au début du livre ? Eh bien, l'énergie nous permet de passer d'un état à l'autre, autant pour vous développer personnellement que pour vous adapter aux autres. Par exemple, ajuster sa vitesse soit pour accélérer et freiner nous demande ainsi de l'énergie – les voitures électriques s'appuient d'ailleurs sur ce principe puisqu'elles rechargent leurs batteries pendant le freinage.

Comme elle n'existe qu'en quantité limitée, il est important, quand on entame une discussion ou un projet, de connaître son niveau d'énergie. Si l'énergie est minimale, il ne nous sera pas possible d'aborder des sujets difficiles. Alors, pour être un excellent manager au moment présent, vous vous devez d'avoir de l'énergie en réserve. Si vous avez besoin de vous recharger rapidement, faites une sieste, une pause, une méditation, 10 grandes respirations... Je vous le garantis, ça marche !

DÉVELOPPER SES RELATIONS

Au travail, la force d'un leader peut se mesurer aux relations qu'il entretient : à la capacité d'apaiser une conversation difficile pour faire avancer un dossier, de collaborer avec les autres départements pour atteindre des objectifs communs et *in fine* de guider.

Vous avez sûrement déjà remarqué qu'une conversation sur un sujet important est bien plus exigeante lorsque vous ne connaissez pas très bien la personne avec laquelle vous devez échanger. Car la charge maximale que peut supporter une relation, qu'elle soit professionnelle ou personnelle, est en lien avec la force et la profondeur de cette relation. En clair, plus la relation est forte, plus les parties prenantes seront en mesure d'aborder facilement les sujets difficiles. Il est donc important d'apprendre à connaître et à développer ses relations.

Définir les priorités

Généralement, en entreprise, à moins que la confiance soit très forte, il est presque impossible d'avoir des relations profondes avec tout le monde. Vos relations auront des niveaux de connexion plus ou moins importants et c'est normal. L'objectif est d'atteindre un niveau profond avec les personnes avec lesquelles vous avez une relation immédiate et un niveau plus léger avec les gens avec qui vous n'interagissez qu'occasionnellement. L'idée est de concentrer son énergie sur certaines personnes, comme vos N+ (directs et indirects), votre équipe, vos collègues, les responsables des systèmes et processus qui touchent votre équipe (services informatique, juridique, RH, etc.) ou votre réseau externe (fournisseurs de produits et services, investisseurs, coachs et mentors, etc.). Le premier point est de les identifier.

Ensuite dès que la liste est identifiée, faites appel à ces méthodes toutes simples pour développer graduellement une relation :

- N'oubliez pas de dire bonjour, de sourire.
- Démontrez et exprimez votre gratitude quand la situation le justifie.
- Évitez les commérages, évitez aussi de parler dans le dos de quelqu'un, ou de blâmer les autres (ou vous-même).
- Souhaitez la bienvenue aux nouveaux membres et aidez-les à s'intégrer dans l'équipe.
- Restez humble, évitez de vous vanter de vos accomplissements.

Assumer sa vulnérabilité

Aller plus loin dans la profondeur des relations et atteindre un niveau de confiance important implique parfois de partager sa vulnérabilité.

En quoi consiste notre vulnérabilité ? Être honnête face à ses limites et les partager. C'est un des fondamentaux que l'on ne veut souvent pas voir. Pourtant, en tant que leader, il est important de faire le premier pas et de montrer que nous avons tous nos limites. Chacun devrait être là ensuite pour prendre soin des autres. Pour assumer sa vulnérabilité, il faut donc être courageux. Brené Brown, chercheuse en sciences humaines et sociales à l'université de Houston et conférencière, explique d'ailleurs le pouvoir du courage : « Le courage est contagieux. Chaque fois que nous choisissons le courage, nous rendons tout le monde autour de nous un peu meilleur et le monde un peu plus courageux. »

Alors pour exprimer sa vulnérabilité, le mieux est d'y aller par étapes :

- Commencez par développer vos relations à l'aide des bons signaux de communication exposés plus haut, de la longueur d'onde (via la vitesse et la fréquence) et de l'énergie.
- Exprimez ensuite votre vulnérabilité dans des rencontres en tête-à-tête : partagez par exemple l'une de vos craintes face à une décision, ou un inconfort que vous ressentez dans certaines situations.
- Essayez enfin de le faire avec votre équipe. Vous constaterez que cela augmente la confiance et que vous commencerez à parler des vrais problèmes et des vrais défis. L'équipe sera en mesure d'aborder ces sujets sans prendre de gants blancs, ce qui est bien plus efficace pour trouver des solutions. J'en ai encore fait l'expérience il y a peu en atteignant une limite personnelle. Moi qui cherche à être flexible et à m'ajuster, je n'ai pas réagi pour le mieux. Mon biais personnel est de détester le perfectionnisme qui limite l'avancement. Je préfère optimiser en fonction de la situation. Mon état naturel est donc d'aller le plus rapidement possible vers le résultat. Par conséquent, je déteste perdre mon temps avec des détails inutiles. Ma limite a été que j'ai perdu patience : j'ai coupé mon collègue pendant une conversation en étant autoritaire. Il voulait plus de précisions et de détails que je considérais inutiles.

J'ai ensuite fait une pause, me suis excusée et j'ai exprimé mon biais personnel à l'équipe. Nous avons repris la discussion et en sommes venus à la conclusion que nous allions être à l'écoute pour voir s'il fallait entrer dans le niveau de détail supérieur si la situation changeait.

EXERCICE
POSER LES BASES D'UNE NOUVELLE RELATION

Entamer une nouvelle relation de travail n'est pas évident : pas facile d'être sur la même longueur d'onde si vous ne connaissez pas les préférences de l'autre... Alors avant de vous lancer dans un projet, prenez le temps de mieux vous connaître et d'identifier les enjeux communs. Voici quelques questions à se poser :

- Quels sont les objectifs et processus du projet ?
- Qui fera quoi et quand ?
- Quels sont nos styles de travail, nos forces et nos faiblesses ?
- Quand allons-nous partager nos retours ?
- De quoi avons-nous besoin chacun pour faire de notre mieux ?

Répondre à ces questions augmentera votre efficacité, votre transparence et vos chances de succès. Cela posera les bases d'une relation de travail saine et positive qui pourrait même, qui sait, évoluer vers une amitié ?

Au fur et à mesure du développement de vos relations, vous allez sûrement vous rendre compte qu'il existe trois types de collègues : ceux avec qui vous avez des atomes crochus, ceux avec qui la relation est neutre et ceux avec qui vous avez beaucoup de difficultés à interagir. Pour vous aider à identifier les objectifs poursuivis par chacun et les personnalités affiliées, j'ai identifié quatre styles de management.

LES 4 STYLES DE MANAGEMENT

En tant qu'ingénieure physicienne travaillant à développer des technologies sur le long terme, j'ai eu un biais organisationnel important. Je planifiais à l'extrême. J'adorais imaginer les futurs potentiels et faire des plans détaillés. Je pensais que c'était une bonne chose et une capacité essentielle pour devenir manager. En réalité, c'était parfait pour répondre à mes responsabilités individuelles d'ingénieure experte en mon domaine, mais pas pour mener une équipe et impulser une dynamique. Il m'est d'ailleurs arrivé de sentir que j'irritais ou que je faisais peur. J'envoyais le signal que j'étais incapable de simplifier et de synthétiser. Car il y a une différence entre les besoins et préférences individuelles et celles de ses équipes. Pour être un bon manager, il faut en effet savoir s'adapter au niveau de précision et d'organisation du groupe. Et il y a deux axes majeurs sur lesquels être à l'écoute : la vitesse du groupe, influencée par les méthodes d'organisation en place, et le niveau de détail, corrélé au niveau d'expérience et de curiosité. Soit les deux éléments constitutifs de la longueur d'onde.

Comment reconnaître notre style d'organisation ? Comment savoir comment l'on est perçu ? Première chose : écoutez les commentaires que l'on vous fait. Ensuite, j'ai identifié quatre styles différents et graduels que l'on retrouve chez les managers : le manager urgentiste, le planificateur, le stratégiste et le visionnaire. Ces profils ne sont en réalité pas immuables, ils changent selon l'équipe et la situation en cours. Car dans la même semaine, le manager peut être perçu de quatre façons différentes selon le point de vue de ses interlocuteurs. Par exemple, votre N+1 peut vous percevoir comme un planificateur, quand votre équipe vous considère stratégiste.

Savoir où vous vous placez vous permettra de modifier le cas échéant votre approche, comme j'ai dû le faire après m'être rendu compte que mes caractéristiques trop poussées de planificatrice ne correspondaient pas au niveau de précision et d'organisation de mon groupe.

Ces styles de gestion sont là pour vous aider à vous adapter en temps réel, au moment présent, aux besoins de gestion.

L'urgentiste

Avantage : vous êtes réactif

C'est la capacité première de l'urgentiste : savoir réagir rapidement, car l'urgentiste ne fait peu ou pas de plans. Tellement de choses peuvent arriver que l'on ne sait pas toujours ce que l'on va découvrir en cours de route et l'urgentiste sait répondre à ces contraintes.

Étant donné qu'il préfère fonctionner sans plan détaillé, il est rapide et simple pour lui de s'adapter et de modifier les priorités. Sa vie s'organise autour des besoins du moment.

Il est toujours là quand on a besoin de lui. Sa sensibilité et son adaptabilité sont très utiles : s'il a tendance à prioriser les relations humaines, il sera le meilleur pour écouter ou aider les autres quand ça ira mal ! Une tâche planifiée pourra bien attendre le lendemain si un collègue a besoin d'être écouté. Les gens le savent et viennent régulièrement vers lui pour ce type d'urgences.

L'urgentiste a une bonne perception des détails, il est capable d'en percevoir la moindre nuance et c'est pour cette raison qu'il agit immédiatement. Pas besoin d'une longue analyse pour passer à l'action et surtout, pas nécessairement besoin de compléter la tâche en cours. Il s'entend très bien avec les personnes de son type.

Point de vigilance

La vitesse : L'urgentiste a souvent le sentiment que les gens ne réagissent pas assez rapidement. Pourtant c'est évident : il y a une urgence, il faut agir maintenant ! Pourquoi les autres attendent-ils pour réagir ? Il lui arrive parfois de les juger négativement, de les trouver paresseux, manquant de leadership, d'initiatives… Il peut aussi avoir tendance à forcer les autres à faire des choses qu'ils ne veulent pas faire immédiatement, car cela ne va pas assez vite à son goût.

La vitesse sera donc sa clé pour se synchroniser avec les autres. Au début, ce n'est pas un souci, mais, sur le long terme, s'il ne fait pas attention, cela pourra avoir des effets néfastes sur ses relations. Avec le temps, les gens qui l'entourent pourraient le percevoir comme un générateur d'urgences, ou encore comme quelqu'un de mal organisé, toujours à faire les choses à la dernière minute.

Il faudra tenter d'analyser la situation, de poser des questions pour aller plus loin, mieux comprendre. Car parfois, il faut ralentir pour aller plus rapidement en équipe. Une réflexion plus longue constitue aussi une action. Et il faut accepter qu'il ait finalement été décidé de ne pas bouger, car aucune action n'aura été jugée nécessaire. Il faut faire confiance aux autres comme les autres doivent vous faire confiance.

L'importance du plan : En s'adaptant instantanément, l'urgentiste a la capacité de vivre une infinité d'options. Pourquoi mettre sur papier un plan qui ne sera probablement pas suivi par l'équipe ? Pourtant, planifier aide à synchroniser les membres de l'équipe, car ils participent souvent à plus d'un projet. Sans compter que tout faire immédiatement est impossible et que, pour les personnes qui aiment prendre leur temps pour réfléchir en profondeur avant d'agir, la vitesse peut les épuiser sur le long terme.

L'autocritique : Dans une entreprise très organisée où les étapes successives seront valorisées, l'urgentiste aura besoin d'énergie pour s'adapter à la méthode de travail. Malheureusement, cela pourrait l'amener à penser qu'il est incompétent (sur le plan de la planification), voire l'empêcher d'évoluer dans sa carrière. Pensez plutôt à monter un plan en collaboration avec votre équipe ; voyez-le même comme une urgence !

EXERCICE PRATIQUE POUR LES URGENTISTES

Dressez une liste de ce que vous avez accompli ces dernières années, il y a sûrement plusieurs éléments qui ont perduré sur le long terme.

Comment vous y êtes-vous pris ? Même si ce n'est pas arrivé de manière organisée, seriez-vous capable d'en réécrire les grandes étapes ? Raconter l'histoire, le processus qui vous a permis d'y parvenir ; vous découvririez peut-être des méthodes inattendues...

Y a-t-il des étapes que vous pourriez refaire et communiquer à votre équipe ? Si oui, eh bien vous avez votre première ébauche de plan ! (Je vous en dis plus sur comment faire des plans dans la partie « Futur » de ce livre).

Le planificateur

Avantage : vous maîtrisez un niveau de détail élevé

Le planificateur possède un niveau élevé de détails, en général plus important que les autres membres du groupe. Il arrive à comprendre et détecter beaucoup d'informations dans une situation, jusqu'à être considéré comme un expert parmi ses pairs.

Par exemple, avec son expérience et sa capacité d'analyse, un juge en patinage artistique va d'apprécier des détails que la plupart d'entre nous n'aurons pas le temps de voir. C'est le niveau d'expertise ou de sensibilité sur le sujet qui influence bien souvent le niveau de détail perçu.

Grâce à cela, le planificateur organise un ensemble de détails impressionnant. Lorsque les besoins d'alignement sont exigeants, il est la personne toute désignée : mettre en place des processus et procédures détaillés est sa force.

Il sait aussi anticiper le futur. Il peut faire des plans à plus ou moins long terme, avec plus ou moins de détails, selon son niveau d'expertise sur le sujet. Il est ainsi capable d'extrapoler beaucoup des futurs potentiels. En observant les détails et grâce à sa mémoire, il est capable d'identifier rapidement lorsqu'un détail pourrait avoir un impact majeur sur le résultat futur. Plus il a d'éléments et plus ses estimations seront valides, claires et précises. Il est capable de dégager des tendances à partir de détails. Par exemple, en observant des détails qui ne trompent pas, il peut reconnaître une tendance déjà rencontrée et chercher à s'ajuster. Il doit se fier à son instinct et son analyse.

Point de vigilance

Ne pas imposer son point de vue : Sa facilité à déterminer les étapes d'un plan, à voir les détails et extrapoler les futurs potentiels peut donner l'impression qu'il a la capacité de lire dans une boule de cristal. Mais en réalité, la plupart des gens ne voient pas ce qu'il voit. Et d'ailleurs ils sont incapables de créer un plan avec autant d'informations. Donc, il y a de fortes chances de les perdre en cours de route. Les détails peuvent parfois faire peur aux autres et les étapes apparaître comme rigides et inutiles. Il peut donc se retrouver seul et incompris. Il faut donc apprendre à partager le bon niveau de détail avec son équipe et ne pas chercher à organiser plus que nécessaire.

Bien gérer son énergie : Plus il est organisé et plus il lui coûtera en énergie de changer ses plans. Ce qui n'est pas une mauvaise chose, mais tout simplement un effet secondaire. Plus nous avons accès à des détails et plus il est difficile de changer les plans en fonction de la multitude de contraintes que nous avons pris en considération. Plus la période dans le temps est longue et la taille du groupe importante, plus changer les plans prendra de l'énergie. Alors lorsqu'une personne voudra modifier les plans, faites attention à rester ouvert d'esprit et ne pas être trop résistant au changement.

EXERCICE PRATIQUE POUR LES PLANIFICATEURS

Votre lecture des petits détails vous permet d'extrapoler les événements futurs et vous en tirez des conclusions plus rapidement que les autres. Vous entendez donc souvent la phrase : « Tu t'inquiètes pour rien ! » Or vous êtes inquiet parce que vous ne les voyez pas réagir. Pourtant pour vous c'est une évidence, selon les données que vous avez, vous vous dirigez directement vers la catastrophe !

Lorsque vous présentez vos détails et vos observations, peu ou presque personne ne vous suit. Alors comment amener votre équipe dans la bonne direction ? Penser simplement à la prochaine étape : qu'est-ce qui, aujourd'hui dans la situation visible par tous, pourrait les convaincre ? Pas besoin d'évoquer un futur trop lointain que personne ne voit. Par exemple, au lieu d'expliquer pourquoi vous pensez que vous allez perdre plusieurs clients à cause d'un manque d'organisation, proposez comment vous pouvez répondre à un problème actuel en mettant en place une équipe ou de meilleures méthodes de travail.

Le stratégiste

Avantage : vous avez une vision conceptuelle

Le stratégiste a une facilité de vision à long terme. Il peut aisément identifier de grandes étapes, créer des séquences sans trop se préoccuper de détails. Ce qui fait votre force est son niveau d'abstraction et sa capacité à concevoir un plan de haut niveau pour atteindre ses objectifs.

Les détails ne viennent pas influencer son plan, sa vue d'ensemble. D'ailleurs il les voit à peine, c'est souvent les autres qui lui font remarquer. Il ne les voit pas en raison de son expérience, parce qu'il ne s'y intéresse pas, n'y est pas sensible, ou parce qu'il a beaucoup d'informations à gérer et simplifier.

Le stratégiste est plutôt de nature calme et seul un élément important attirera son attention, sans quoi il conservera le plan initial. Si une nouvelle information survient, il la considérera le moment venu. Pour lui, chaque chose doit être faite en son temps, et en ce moment il est déjà en train de faire autre chose d'aussi important. Pour le faire changer de plan, il lui faudra une grosse urgence, il est donc du point de vue des autres très difficile de le faire réagir. L'urgence n'est pas son mode de fonctionnement favori. Vous ne comprenez pas ceux qui changent souvent de plan, ou ceux qui s'inquiètent pour des détails. La plupart du temps il est reconnu pour garder son cap.

Point de vigilance

Le jugement sur les autres modes : Dans un environnement où les gens s'adaptent constamment aux nouvelles informations, il aura peut-être tendance à les juger girouettes, non professionnels, ou trop influençables. Voire incapables de prioriser et suivre un plan pour arriver à un résultat. Il se peut qu'il doute de leur capacité à prendre des décisions éclairées. Mais les autres modes voient très certainement des détails qu'il ne voit pas, et c'est bien là pour lui un ange mort. Les autres seront plus rapides à réagir dans certaines situations et cela ne veut pas dire qu'ils sont moins professionnels ou moins compétents.

Les détails qui font la différence : Parfois ce qui semble être un détail est plus important qu'on ne le pense. Ils peuvent provenir d'une fréquence à laquelle le stratégiste n'est pas sensible. Sa vision des détails est limitée par rapport à un expert qui sait au contraire comme ils peuvent influencer un plan.

Une solution simple pour y remédier est d'ouvrir la porte, de ménager un processus de déclenchement dans le plan pour pouvoir prendre en compte ces détails. C'est-à-dire de faire une pause en équipe pour revoir les éléments importants du projet et décider de la suite et de la manière dont on veut que le projet se poursuive. Cela permettra à tous de mieux collaborer et d'avoir confiance.

EXERCICE PRATIQUE POUR LES STRATÉGISTES

Faites confiance aux autres et à ce qu'ils ont perçu et compris de l'importance des détails. Évitez de vouloir les éliminer trop rapidement avec des phrases telles que : « Tu t'inquiètes pour rien », « Cela n'arrivera pas », » C'est trop compliqué » ou « Tu vois des problèmes là où il n'y en a pas ». Dites plutôt : « Je comprends ton inquiétude, mais pour le moment nous devons nous concentrer sur le cap car l'équipe est très chargée », « Qu'aimerais-tu voir mettre en place pour réduire les risques ? », « Quelles actions ou quels changements simples aimerais-tu mettre en place pour changer la situation ? » ou « Je comprends que tu voies potentiellement quelque chose que je ne vois pas encore. J'ai peut-être un angle mort. Est-ce possible de prendre une pause et en reparler demain ? ».

Au lieu de tenter de l'éliminer, acceptez l'information, accueillez-la et ensuite jugez de son importance en fonction de l'ensemble. Cette étape est cruciale pour le développement d'une équipe engagée, efficace et surtout pour stimuler une culture d'innovation et d'amélioration continue. La meilleure approche est de ne pas éliminer le détail, mais de s'assurer que la personne qui en est responsable l'a bien pris en considération.

Le visionnaire

Avantage : vous visualisez l'objectif

Le visionnaire a la capacité de tirer des concepts un objectif. Il voit très bien où il faut aller, la cible est claire et c'est pour lui l'élément le plus important à définir.

Les étapes pour l'atteindre peuvent lui être inconnues sans qu'il en ressente un inconfort. L'équipe les découvrira en chemin. Par conséquent, le visionnaire a une attitude relativement flexible vis-à-vis des plans et de l'organisation. Ce n'est de toute façon probablement pas lui qui va fournir le plan détaillé des étapes.

Le visionnaire n'est souvent pas expert du domaine pour lequel il prend des décisions. Il prend des décisions avec une information incomplète, ce qui est utile lorsque le futur est incertain.

Si, dans les commentaires des autres, il ne perçoit pas l'impact sur la vision, il y a de fortes chances qu'il ne réagisse pas. En revanche, s'il comprend, il va passer à l'action immédiatement et changer sa vision si nécessaire. Il sera prêt à tout changer, peu importe l'impact sur les activités en cours. Il est agile et il en est fier. Il adore aller vite, pourquoi attendre de tout savoir avant de prendre une décision quand le bon moment pour agir est maintenant ? Il n'est jamais meilleur que quand le temps de réaction qui lui est laissé pour prendre une décision importante est critique.

Il va sans dire que les détails ont peu d'importance pour lui et comme ses plans se limitent à l'identification d'objectifs, il permet aux équipes d'avoir une stabilité dans la réalisation. Il a donc une capacité à simplifier des projets complexes à un niveau supérieur. Ce qui lui sert par exemple pour parler avec des clients, des investisseurs ou des actionnaires.

Point de vigilance

Ne pas créer des urgences pour les autres : Étant donné que les plans ou les processus n'ont, pour le visionnaire, qu'une moindre importance, il arrive qu'il ne suive pas exactement ce que le groupe a décidé. Par conséquent, il est possible sur le long terme que cela crée des situations irritantes, par exemple si le visionnaire lance la réalisation d'une nouvelle idée sans consulter les directeurs projets sur les priorités en cours.

Ne pas décourager : Le visionnaire passant d'une vision à l'autre rapidement, il arrive bien souvent qu'il change d'objectif avant d'avoir atteint le précédent. C'est possible, en revanche si cela devient une habitude, il enverra le message qu'il n'est jamais nécessaire d'aller au bout de ses responsabilités puisque, de toute façon l'objectif changera avant la fin. Or pourquoi s'appliquer à faire les choses si le chef lui-même ne semble plus leur apporter d'importance et que de toute façon l'objectif changera avant la fin ? Cela finit par démoraliser puisqu'on ne voit pas suffisamment l'impact de son travail. Il faut donc prendre le temps d'accomplir les choses avant de changer d'objectif. Cela demande au visionnaire de ralentir un peu pour s'ajuster aux besoins de son équipe.

Puisque le visionnaire est capable de changer de plan rapidement, il peut lui arriver de changer de cap sans le communiquer aux autres... il fait alors un saut quantique. Il se retrouvera seul avec ses objectifs, sans être aligné avec ce que l'équipe fait réellement sur le terrain.

Ce que perçoivent les autres : Les autres modes de gestion pourraient avoir tendance à percevoir les visionnaires comme des personnes assez centrées sur elles-mêmes, voire égocentriques. Puisqu'il réagit à ce qu'il trouve important à ses yeux et pas à ce qu'il considère comme un détail, cela peut laisser penser qu'il ne fait pas cas des besoins et observations des autres.

EXERCICE PRATIQUE POUR LES VISIONNAIRES

En tant que visionnaire, gardez à l'esprit que le plan est l'outil par excellence pour coordonner un ensemble de personnes dans le temps. De plus, c'est excellent pour la mémoire collective. Le plan pourra être changé régulièrement, mais il devra être communiqué pour éviter le désengagement de l'équipe.

Si les membres sont bien informés, vous serez surpris de voir à quel point les équipes sont capables de suivre. En outre, n'assumez pas que tout le monde a compris les raisons de vos changements, partagez-les.

S'ajuster en fonction de son profil

Il n'y a donc pas de meilleur mode absolu et, selon les situations, vous pouvez posséder les avantages et les inconvénients de chacun des modes. Même si un mode correspond bien à une situation, il y aura toujours besoin d'ajustement et d'écoute pour atteindre de meilleurs résultats. Rien ne peut battre le pouvoir du travail en équipe.

Être un excellent manager, c'est d'être capable de naviguer d'un mode à l'autre en fonction des besoins. Comment faire ? Il faut apprendre à observer nos interactions avec les autres en fonction de deux axes : la vitesse d'équipe et le niveau de détail.

Voici un schéma qui permet de comprendre comment tout cela s'articule :

LES STYLES DE MANAGEMENT
4 profils pour mieux collaborer

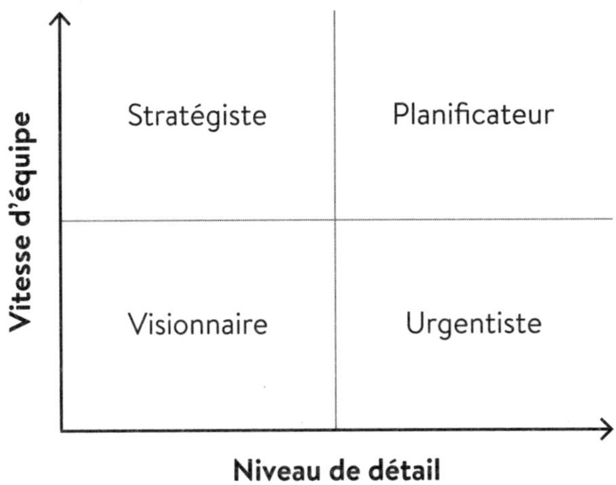

Vous voyez l'axe horizontal ? Il représente le niveau de détail : plus on avance sur l'axe, plus le niveau de détail augmente. Par exemple, si vous n'avez pas beaucoup de connaissances dans un domaine, votre niveau de détail sera moins important qu'une personne qui est experte. Ou bien si vous gérez des personnes qui gèrent elles-mêmes des équipes, votre niveau de détail sera moins élevé, mais vous connaîtrez des éléments liés à d'autres parties du projet, ce qui vous permettra de prendre des décisions à un niveau plus d'abstraction plus important.

L'axe vertical représente, lui, la vitesse d'équipe : plus on monte sur l'axe, plus la vitesse augmente. Pour accélérer la vitesse de son équipe, il faut solidifier ses fondamentaux (que l'on a vus dans la première partie du livre), mettre en place une structure (mission, vision, *Work Breakdown Structure*, des processus, systèmes d'intelligence) et s'assurer que la vision du futur – les objectifs – est claire (voir la dernière partie du livre). Par conséquent, plus on optimise l'organisation de son équipe en fonction des besoins et plus l'équipe ira à une vitesse de groupe rapide.

Par conséquent, en gardant à l'esprit que notre but est d'être sur la même longueur d'onde, si on est urgentiste et que l'on s'adresse à un planificateur, il faudra s'ajuster sur l'axe des ordonnées, c'est-à-dire sur la vitesse. Accordez à votre collègue un peu de temps pour s'ajuster, laissez-lui un ou deux jours de réflexion par exemple.

Si on est un visionnaire et que l'on parle avec un planificateur, il faudra s'ajuster sur la vitesse et le niveau de détail. C'est plus difficile. Dans ce cas, faites ressortir les grandes étapes importantes ensemble. Accordez au planificateur du temps d'aller plus en détail. Dites-lui de vous informer, quand il bâtit son plan, des étapes importantes à changer.

LE STYLE DE L'ENTREPRISE

Vous avez l'impression que vous n'avez qu'un seul mode de gestion ? C'est possible ! On peut être très polarisé, à cause de ses expériences, de ses intérêts, des responsabilités que l'on a. Si c'est le cas, ce sera même plus facile d'apprendre à s'ajuster aux autres.

Il est intéressant d'identifier le style de son entreprise. Car, oui, cette théorie s'applique aussi à des groupes d'individus qui s'influencent. Certaines entreprises s'inscrivent davantage dans un mode que dans un autre. Une start-up par exemple aura tendance à être dans un mode urgentiste, tandis qu'une multinationale serait dans un mode planificateur.

Si vous avez une tendance très différente de votre entreprise, cela vous demandera beaucoup plus d'énergie d'adaptation à votre environnement. Sur le long terme, il faut faire attention à ne pas vous brûler, ne pas vous épuiser. Par exemple, travailler pour une start-up si on a besoin de beaucoup d'organisation et de structure devient épuisant.

Maintenant que nous sommes armés pour bien communiquer, développer de bonnes relations avec les autres et adapter notre style de management, élargissons un peu la focale au niveau de l'équipe. Car un leader n'agit pas de façon individuelle, il guide tout un groupe dans un même présent.

GUIDER SON ÉQUIPE

Le travail en équipe a pour objectif d'atteindre un objectif commun en un temps déterminé (vitesse), à un niveau de qualité particulier (fréquence), et ce avec des ressources (énergie) précises.

Quel que soit votre style de management, il y a des compétences de base à maîtriser pour bien guider son équipe, car c'est là le cœur de métier du manager. Il doit planifier et organiser les réunions de groupe, présenter et synthétiser ses idées et celles de son groupe, et bien sûr être capable de déléguer de façon claire.

Au-delà de la communication avec son équipe, il s'insère aussi dans un ensemble plus vaste et se doit d'échanger avec les autres équipes et départements pour éviter de fonctionner en vase clos. C'est grâce à cela qu'il pourra stimuler l'engagement de sa propre équipe.

BIEN PLANIFIER LES RÉUNIONS

Lorsque vous travaillez seul, il n'est pas nécessaire de communiquer autant que quand vous travaillez en équipe. La communication est l'outil par excellence pour fédérer. Un manque d'information ou un mauvais timing peut en effet avoir des conséquences néfastes. Il faut prendre l'habitude de communiquer les changements et les informations régulièrement pour obtenir une équipe plus efficace et engagée. La communication est cruciale pour se synchroniser et être sur la même longueur d'onde, et la réunion est le meilleur moyen de le faire.

Une bonne planification de vos réunions aidera votre équipe à comprendre quoi partager et quand. Il arrive trop souvent que l'on demande l'état d'avancement des activités et que les membres de l'équipe ne sachent pas quoi dire ! Alors aidez-les à communiquer la bonne chose au bon moment. Eh oui, je sais, on n'aime pas toujours les réunions… Alors voici quatre grands axes pour vous aider à bien les planifier sans les subir !

Axe n° 1 : Maîtrisez le timing

Déterminez si, pour les objectifs que vous avez définis, il faut se voir tous les jours, toutes les semaines, tous les mois, tous les semestres, ou encore une fois par an. Cela change en fonction des objectifs et dépend de la vitesse du projet et de son niveau de détail. Si vous gérez un projet avec beaucoup de détails à réaliser en une semaine par exemple, se voir tous les jours sera essentiel.

Axe n° 2 : Préparez le contenu

Après avoir fixé la périodicité, il faut décider des sujets précis abordés. En fonction de l'équipe avec laquelle vous travaillez, vous partagerez des détails différents, qui peuvent être relatifs aux rôles et responsabilités de chacun, aux méthodes de documentation, aux canaux de communication, au type d'information, etc.

Les objectifs de votre équipe sont-ils clairs ? Travaillez-vous avec une nouvelle équipe ? De quelles ressources disposez-vous ? Avez-vous fait le point sur les rôles et responsabilités de chacun ? Autant de questions que vous devez vous poser.

Si vous ne savez pas quoi communiquer à votre équipe au départ, proposez de développer ensemble le plan de communication. Répartissez ensuite les responsabilités. Gardez aussi à l'esprit que plus l'équipe est nouvelle, plus vous devrez communiquer à propos des objectifs, des ressources, des étapes, des délais, des méthodes de travail, des compétences et intérêts de chacun, des responsabilités... Par exemple, votre équipe crée pour la première fois une campagne marketing pour lancer un nouveau produit. Vous devrez alors réviser les textes avec une plus grande attention, le choix des mots, des couleurs. Plus on répète, plus on intègre, donc assurez-vous de revenir régulièrement sur ces différents points. Et après votre dixième campagne ensemble, vous n'aurez plus besoin d'autant d'explications, simplement de parler des différences par rapport au processus déjà en place.

PRÉPAREZ VOS RÉUNIONS

Une bonne réunion a été préparée en amont. N'arrivez pas les mains dans les poches ! C'est à vous de donner l'impulsion.

Pour vous aider, vous pouvez créer un document fourre-tout où noter des éléments intéressants pour la prochaine réunion. Pour ma part, j'ai pris l'habitude de créer une note dans mon agenda parallèlement à la réunion :

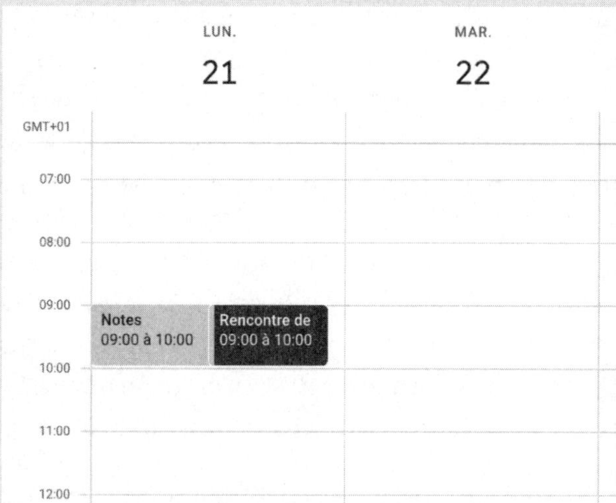

Notez-y des informations à transmettre : un changement des plans de l'équipe ; des modifications dans d'autres projets qui pourraient avoir une incidence (des nouvelles méthodes de travail à l'échelle de l'entreprise par exemple), etc.

Axe n° 3 : Prévoyez les imprévus

Au départ, nous ne connaissons pas tous les éléments qui influeront sur la suite du projet. Les surprises sont la magie du futur ! Par exemple, pour un projet de construction, les intempéries auront une influence, pour un projet d'innovation, la technologie demandera à être développée, pour un projet d'entreprise, la concurrence et la fluctuation des marchés seront importantes. Toutes ces variables feront évoluer le projet. Étant donné que rien n'est 100 % stable, il est impossible de faire un plan qui ne sera pas réajusté.

Que cela soit par mail, chat ou en réunion, si vous êtes le chef d'un projet, vous êtes le gardien de son historique. Toutes les modifications du plan initial doivent être prises en compte et à vous de décider si l'information doit être partagée à l'ensemble de l'équipe, ou bien à une partie. Si le changement est mineur, il n'y a pas d'urgence, vous pouvez attendre la prochaine réunion d'équipe pour partager l'information. En revanche, si le changement est majeur et peut influencer les prises de décision de tous, il est préférable de le communiquer à son équipe le plus rapidement possible. Par exemple, un de vos fournisseurs vient de se faire racheter et il semblerait qu'ils s'apprêtent à ne plus produire vos matières premières… Ou encore un de vos collègues est tombé malade, il ne pourra pas accomplir une tâche importante.

L'objectif est de mettre en place un nouveau plan cohérent. Il arrive même qu'en mode urgence, il soit essentiel de se synchroniser plusieurs fois par jour. La vitesse est en clairement un élément important pour s'assurer d'être tous sur la même longueur d'onde.

Axe n°4 : Annoncez le passage d'un jalon

Vous pensez avoir terminé une tâche ou l'étape du projet ? Communiquez cette information, et ce même si vous connaissez déjà l'étape suivante.

Pourquoi ? D'abord il est motivant de savoir que l'on avance en équipe. Parfois, sans même le savoir, vous allez motiver les autres à vous faire part de choses. Il n'y a rien de pire que d'être dans une équipe où on a le sentiment de travailler seul ! Savoir que l'on est plusieurs sur le même problème motive. Il peut arriver aussi que quelqu'un attende votre travail sans que vous ne le sachiez... D'autant plus lorsque l'on travaille avec une nouvelle équipe : les responsabilités et les interactions ne sont pas toujours claires. Annoncez les jalons aidera donc grandement à l'interactivité.

En parallèle des réunions, vous aurez certainement à informer votre hiérarchie ou d'autres départements de l'avancement des projets de votre équipe. En tant que manager, vous aurez en effet à présenter régulièrement des résultats, des idées, des projets... Alors comment faire pour bien passer les messages, voire marquer les esprits ?

SAVOIR PRÉSENTER SES IDÉES

Que ce soit pour présenter un projet en cours ou une nouvelle initiative, le maître-mot est la préparation. Et pour bien se préparer, rien de mieux que de revenir aux deux éléments de la longueur d'onde : la fréquence et la vitesse.

Première chose, la fréquence : s'aligner avec son équipe, se renseigner sur l'avancement des choses, les nouvelles idées, les facettes importantes du projet.

Ensuite, la vitesse : choisissez le meilleur moment pour votre présentation et estimez le temps nécessaire. Vous pouvez par exemple vous préparer en mode « *2 minutes : elevator pitch* ». Qu'est-ce que c'est ? Imaginez que vous croisez dans l'ascenseur la personne à qui vous devez présenter votre idée. Eh bien, le « *2 minutes : elevator pitch* », c'est être capable de résumer son projet en un pitch qui durerait deux minutes, le temps du trajet en ascenseur. Le tout est de trouver comment piquer sa curiosité pour qu'il cherche à en savoir plus.

Gardez sous la main une version plus détaillée au cas où vous auriez plus de temps, ou que l'on vous demanderait plus d'informations. Il n'y a rien de pire que d'avoir réussi à susciter l'intérêt et de ne pas pouvoir donner la suite ! Croyez-moi, il m'est déjà arrivé de lancer des idées sans être prête à 100 % et, de ce fait, de perdre ma chance...

Si c'est à votre équipe que vous présentez une idée, demandez-leur leur avis. Est-ce que l'idée leur semble bonne ? Quels sont les éléments à prendre en considération selon leurs points de vue ? Cela vous aidera même à vous préparer pour l'étape suivante, la présentation de la réalisation à la hiérarchie (plan, coût, etc., que nous verrons dans la partie 3).

Pendant la présentation à la hiérarchie, ajustez-vous, utilisez les outils de communication en temps réel présentés plus haut, car il est possible que tout n'aille pas comme prévu. Il faudra vous ajuster. Il existe tellement d'éléments hors de votre contrôle qui peuvent interférer, par exemple un collègue à qui l'on vient de refuser une idée à laquelle il tenait beaucoup, ou un invité surprise à la réunion... Arrivez donc avec assez l'énergie pour être en mesure de vous ajuster aux imprévus.

Comment faire face à tout cela ? L'idée est de garder en tête les deux aspects de la longueur d'onde pendant votre présentation : soyez attentifs aux signaux de vos interlocuteurs, qui vous aideront à déterminer si vous devez ajuster votre vitesse ou votre fréquence. Vos interlocuteurs ont-ils l'air intéressés ? ennuyés ? interrogatifs ? Posent-ils des questions ? Quels aspects du projet ont l'air de les intéresser ? N'hésitez pas à reprendre leur vocabulaire pour les faire résonner. Ont-ils besoin de plus de temps pour réfléchir ? Faites une pause pour leur laisser le temps d'intégrer l'information. Parfois il vaut mieux arrêter la discussion et y revenir plus tard plutôt que d'imposer sa vitesse et son point de vue. Il faut voir son idée comme un sandwich que l'on offre à un ami : proposez-lui le sandwich, décrivez-le et expliquez-en tous ses avantages, mais ne le forcez pas à le manger, attendez qu'il décide lui-même de le manger. Respectez sa vitesse. Si vous forcez votre ami à manger, il y a de fortes chances qu'il n'aime pas l'expérience, la rejette et que vous deviez tout recommencer.

L'ART DE LA SYNTHÈSE

Il y a quelques années, mon chef m'a dit : « Isabelle, je ne suis pas obligé d'avoir tous les détails pour prendre une décision, je te fais confiance. Dès que je dis oui, c'est entendu, n'ajoute rien. Fais attention à ne pas ajouter le détail qui remettrait en question ma décision. » Chaque niveau de management possède sa propre échelle et son niveau de risque à prendre face aux décisions. L'art de la synthèse est donc celui de partager à la bonne fréquence et au bon niveau de détail.

Quand on présente une idée, il faut prendre une partie du risque en synthétisant l'information et en choisissant ce qu'il est nécessaire de partager en fonction du besoin et du moment. Comme un bon traducteur. Par exemple, un investisseur dans une entreprise de 500 employés ne prendra jamais le temps d'aller regarder la qualité du code écrit par l'équipe de développement. En revanche, il sera plus attentif à la pertinence du produit et du marché.

> *« Un bon manager est capable d'ajuster son niveau de détail à son interlocuteur et au moment. »*

Savoir se placer

Dans le livre *Creativity, Inc.*, Ed Catmull et Amy Wallace expliquent qu'il est important, lorsque l'on communique avec un interlocuteur, de prendre l'ascenseur pour se rendre à son étage. Il faut se positionner à la même place.

Il se peut que vous donniez trop ou pas assez de détails, et si vous n'êtes pas au bon niveau, vous risquez de froisser des ego, le vôtre ou celui des autres. Votre interlocuteur peut penser que vous le prenez pour un imbécile ou se sentir incompétent de ne pas vous comprendre.

Assez de détails

Imaginez que votre interlocuteur vous dise : « Je comprends bien tout ça, mais que veux-tu me faire comprendre ? » Ou bien : « Je ne suis pas stupide, ce que tu me dis, c'est la base, mais j'ai besoin d'en savoir plus. »

Si vous vous placez trop « *high level* », personne ne vous contredira, aucune discussion ne sera engagée. Vous n'aurez pas atteint un niveau de détail suffisant pour susciter de débat, il vous faudra donner des exemples et développer.

Mais pas trop

Imaginez maintenant que votre interlocuteur vous dise comment faire votre travail, il y a de fortes chances que cela soit parce que vous avez donné trop de détails… Vous l'avez amené à un niveau de détail qui vous appartient. Si vous sentez que votre chef vous micro-manage, changez de niveau ! Par exemple, au lieu de vous arrêter sur le détail du test de qualité que vous développez, parlez-lui du fait que vous travaillez sur une nouvelle méthode qui prend en considération tel et tel élément. Expliquez votre démarche à plus haut niveau.

Autre écueil d'un trop-plein de détails : votre interlocuteur ne vous comprend pas, car vous vous comportez en expert qui utilise un vocabulaire trop spécifique. Vous êtes en train de donner trop d'importance à des détails qui vous appartiennent.

Savoir évoluer

Nous évoluons, et notre niveau de détail aussi. Il faut donc s'ajuster constamment en fonction de notre expertise qui évolue à force de prendre des responsabilités, de gérer des projets et des équipes, de notre confiance en nos capacités, de nos années d'expérience dans l'entreprise...

Donner ou prendre trop de détails vous limitera dans votre progression. L'échelle fonctionne dans les deux sens. Il ne faut pas prendre trop de détails ou de responsabilités à la place de votre équipe. Par exemple, prendre une décision sur un type d'équipement à utiliser quand votre ingénieur est responsable du procédé. En revanche, le guide dans les interactions avec les autres procédés et lui donner des objectifs est une bonne démarche.

C'est aussi valable quand vous rencontrez des clients, quand vous réseautez ou quand vous discutez avec des amis... Vous verrez, vos discussions iront beaucoup plus loin ou s'arrêteront au bon moment.

EXERCICE

Dans les prochaines semaines, faites particulièrement attention au contenu de vos discussions avec vos collègues. Demandez-vous si le niveau de détail était bon et si vous ressortez avec ce dont vous aviez besoin. Sinon, demandez-vous si vous auriez pu en changer.

Une fois que vous avez réussi à bien présenter votre idée au bon niveau de détail, il faut maintenant que vous supervisiez sa réalisation. Pour cela, il faut apprendre à déléguer.

DÉLÉGUER

Le manager guide un ensemble de personnes, chacune responsable à des niveaux différents. Pour que le résultat final soit cohérent, tous les niveaux doivent bien s'imbriquer grâce à une bonne délégation.

Un ami entrepreneur m'a demandé un jour comment faire croître son entreprise. Je lui ai répondu qu'il fallait être capable de déléguer non pas seulement des tâches, mais aussi des responsabilités et des projets. C'est-à-dire déléguer une partie de son pouvoir. Car c'est inévitable : en divisant le travail, on divise le pouvoir et l'autorité. Or mon ami était convaincu que son équipe était incapable d'endosser des responsabilités plus importantes, il avait essayé par le passé, sans succès. Quelques jours plus tard, il m'informe donc que, comme il s'y attendait, la personne à qui il avait délégué le projet ne savait pas comment faire. Il a donc fait le travail à sa place et lui a créé une procédure à suivre pour la prochaine fois. Je lui ai demandé pourquoi il avait repris le travail qu'il voulait déléguer et lui ai conseillé pour la prochaine fois d'ajuster sa longueur d'onde. Car, en l'état, il venait de déléguer quelque chose d'urgent (problème de vitesse trop rapide) à une personne qui n'avait pas les compétences (problème de fréquence).

Pour faire confiance, il faut prendre le temps d'apprendre à se connaître et de développer des relations, ce que nous avons vu précédemment. Cela vous permettra d'estimer les délais nécessaires avant que votre N-1 ne soit en mesure de prendre des responsabilités, car il est impossible de déléguer parfaitement du premier coup. Et vous aurez petit à petit le plaisir de le voir évoluer.

Déléguer est un art et plus on chemine dans notre carrière, plus on déléguera des aspects importants de notre travail. Pour bien déléguer, il n'y a pas de recette magique. En revanche, il y a de bonnes questions à se poser pour ajuster fréquence, vitesse et énergie et être ainsi sur la bonne longueur d'onde.

Fréquence

Pourquoi voulez-vous déléguer une responsabilité ?

Demandez-vous : est-ce pour bien répartir la charge au sein de l'équipe ? Pour aider une personne à développer une nouvelle compétence ? Ou bien parce que je n'aime pas faire ce travail, que je pense que l'objectif est impossible à accomplir ? Ai-je peur de prendre le projet moi-même ?

Selon la raison – la fréquence –, il faudra s'aligner avec soi-même et les autres, ou jouer avec la vitesse en se donnant plus de temps. Vous pouvez aussi recouper avec votre hiérarchie en demandant à changer les attentes et les exigences.

Savez-vous vraiment ce que vous déléguez ?

Il y a des signes importants qui nous montrent que nous avons délégué trop rapidement sans savoir quoi ni pourquoi. Le premier est l'incapacité de la personne à savoir comment commencer. Elle vous pose beaucoup de questions qui ne vous semblent pas pertinentes par exemple, ou bien procrastine.

Malheureusement, il nous arrive bien trop souvent, sans nous en rendre compte, de déléguer une responsabilité alors qu'elle n'est pas prête à l'être. Nous ne savons même pas nous-mêmes ce que nous voulons. Je conseille dans ce cas de ne pas déléguer la responsabilité, mais d'en faire un projet dont vous serez le leader au départ. Ensuite, voulez-vous monter une équipe qui sera à la recherche de solutions ou de la compréhension du problème ? Lorsque ce sera plus clair, vous pourrez déléguer.

Quelles sont les capacités et l'intérêt de la personne à qui vous déléguez ?

Déléguez un projet ou une responsabilité à une personne qui n'a aucun intérêt pour le sujet risque d'entraîner des conséquences. Le mieux est de vérifier en amont la capacité et l'intérêt, c'est-à-dire d'agir sur la quantité de mouvement disponible. Car déléguer un objectif en fonction des intérêts et des motivations individuelles est un moyen d'augmenter l'engagement et le niveau d'énergie de votre équipe. Et si vous ne trouvez personne, c'est qu'il est peut-être temps d'aller chercher d'autres genres de profils à inclure dans votre équipe.

Êtes-vous prêts à accepter les erreurs ?

Parfois on s'empêche de déléguer des projets et des défis à des personnes qui n'ont pas encore les compétences requises. Et pourtant avec le bon coaching et les bonnes échéances, cela permet de développer les compétences de votre équipe. Apprendre au travail est l'une des motivations les plus grandes, alors si vous avez l'opportunité de le susciter, n'hésitez pas. En revanche, il faudra accepter les erreurs faites en cours de route... C'est inévitable !

Vitesse

Quel est le niveau d'urgence et d'importance ?

Si l'objet est très urgent, important et entraîne beaucoup de visibilité dans l'entreprise, il faut déléguer à une personne qui maîtrise et qui a besoin de visibilité pour progresser dans sa carrière à l'avenir. Si vous déléguez à une personne novice, les chances de réussite sont plus faibles. Plus la vitesse est critique, plus il faut déléguer à une personne déjà capable.

Le défi sera ensuite de la motiver. Car quel intérêt pour elle de faire quelque chose d'urgent et critique – donc exigeant – si elle n'apprend rien de nouveau ? Signalez-lui alors l'importance du projet et la visibilité auprès de l'entreprise.

Attention toutefois à éviter de déléguer pour se débarrasser d'un problème urgent, d'une « patate chaude »... Ne voulons-nous pas prendre la responsabilité de peur de nous brûler nous-même ?

Énergie

Avez-vous fait savoir que vous déléguiez ?

Parfois nous déléguons à la bonne personne, mais dans l'équipe ou l'entreprise, personne n'en est au courant...

Elle risque alors de se heurter aux refus d'autres collègues ou départements de lui fournir des informations ou la laisser prendre des décisions.

Avant de déléguer des choses de grande envergure, il est important de faire connaître la personne et de s'assurer que le projet soit accepté par les autres groupes. Invitez-la à des réunions importantes, donnez-lui des projets qui augmenteront sa visibilité.

EXERCICE
POURRIEZ-VOUS MIEUX DÉLÉGUER ?

Je vous propose de faire le point sur des situations récurrentes.

Se faire des films

Votre N-1 a commencé à travailler sur un nouveau dossier sans vous en parler. Vous l'apprenez par une autre personne. Cela vous perturbe-t-il ? Pourquoi ? Est-ce de ne pas en avoir été informé ? Si vous vous repassez des scénarios dans votre tête sans en discuter, vous avez peut-être un problème de gestion de la vitesse. Il est possible par exemple qu'il ne s'agisse que d'une recherche de votre N-1 avant de vous présenter un nouvel angle du projet.

Control freak

Vous avez demandé à votre équipe d'être en copie de tous les messages. Pourquoi ? Pourquoi avez-vous besoin de tout savoir en temps réel ? Avez-vous peur d'être pris en défaut ? Expliquez-leur plutôt ce qui est important pour vous et à quel moment vous avez besoin de l'information. Laissez-leur ensuite le soin de vous informer lorsqu'ils jugent que c'est important. Si vous contrôlez tout, vous ne déléguez rien.

Dernière minute

Vous demandez une fois de plus un travail à la dernière minute. Pourquoi ? Est-ce que, lorsque vous posez une question à quelqu'un, vous vous attendez à avoir l'information immédiatement ? Une urgence peut toujours arriver, mais faites attention de ne pas la créer de toute pièce. Si c'est vous qui manquez d'organisation, ne demandez pas à votre équipe de pallier vos lacunes. Cela signifie que vous ne déléguez pas au bon moment. Vous devez apprendre à anticiper vos besoins pour donner le temps aux autres de rendre un bon travail.

Charge de travail

Vous déléguez sans vous être assuré de la disponibilité de la personne. Pourquoi ? Cherchez plutôt à aligner et équilibrer la charge de travail au sein de l'équipe.

Maintenant que vous avez mis en place les principes de base au sein de votre équipe, élargissez un peu la focale pour l'articuler par rapport au reste de l'entreprise.

IDENTIFIER LES ÉQUIPES

Pour guider ses équipes, le manager a besoin de comprendre les aspects importants de la politique d'entreprise, notamment son niveau d'autorité et d'influence. Sans cela, il ne lui sera pas possible de bien se positionner pour guider et prendre de bonnes décisions.

Je me souviens au début de ma carrière d'ingénieure avoir dit que je détestais la politique d'entreprise. C'était lourd et ça ralentissait tout. Mais surtout j'avais l'impression que je devais manipuler les autres pour arriver à mettre en place ce qui me semblait pourtant relever de la logique. Je le voyais comme un effort inutile. Pourquoi devais-je consacrer autant de temps à convaincre les autres alors que les chiffres étaient clairs ? Il n'y avait pas d'émotions, que des données. Pourtant, mon équipe et la hiérarchie ne voyaient pas toujours la même chose dans les données. Cela m'a pris du temps de réaliser qu'il n'y avait pas que des analyses et résultats en jeu pour prendre des décisions. J'ai donc développé au fil des ans des astuces pour m'aider à manœuvrer dans la politique d'entreprise.

D'abord, le manager doit comprendre où il se situe dans la structure générale de l'entreprise. Qu'il soit gestionnaire d'équipe, directeur ou membre exécutif, il se doit d'identifier comment son département s'imbrique et interagit avec les autres. Car il doit transmettre son point de vue et le faire évoluer en fonction des retours. Tout est question de structure et de synergie pour arriver à atteindre les objectifs.

Ne pas identifier toutes les équipes desquelles vous dépendez engendre souvent la création d'équipes « fantômes » et de départements qui travaillent « en silo », c'est-à-dire de façon totalement isolée. Croyez-moi, il existe dans les entreprises beaucoup plus d'équipes fantômes (donc sans leader !) et de silos que vous ne pourriez l'imaginer ! C'est une perte d'efficacité et une source de frustration incroyable. Et c'est souvent là que la politique se joue. Il est donc important de bien comprendre la structure de l'ensemble et d'identifier les endroits où cela accroche pour votre équipe.

L'entreprise comme un corps humain

En tant que gestionnaire d'équipe, vous êtes responsable de la mise en place des processus et systèmes nécessaires à la connexion de votre département au reste de l'entreprise, éléments que l'on a vus dans la partie précédente. Vous devez donc d'abord identifier ceux qui sont propres à votre département et ceux qui sont partagés avec les autres.

Prenons l'exemple du corps humain qui possède des membres : bras, jambes, main, tête... Imaginons que ces membres sont les différents départements d'une entreprise. Le département de la main a par exemple pour fonction de manipuler les choses ou d'apporter la nourriture à la bouche. Mais pour pouvoir exécuter ces tâches, il doit faire appel à d'autres systèmes comme les systèmes sanguin, nerveux et musculaire, qui sont partagés avec l'ensemble des membres du corps.

Si, en tant que département « main », je décide de créer mes propres systèmes sanguin, nerveux et musculaire et que le département « jambe » en fait de même, mon corps aura trois systèmes sanguin, nerveux et musculaire différents qui ne seront pas connectés ! Imaginez la perte d'efficacité pour mon corps, ou pire l'incompatibilité des systèmes...

Bien qu'apte à choisir ses processus et systèmes pour les fonctions qui lui sont propres (attraper, lancer...), la main reste donc indissociable de l'ensemble des systèmes du corps humain. Sans eux, elle ne peut pas fonctionner correctement. Il vaut mieux donc qu'elle cherche à comprendre comment fonctionne le système général pour l'adapter à ses propres besoins. Vous devez donc – ou quelqu'un de votre équipe – faire partie de l'équipe système général.

Éviter les doublons

Dans ce même corps humain, il est possible que la main ne soit pas au courant de l'existence de d'un autre département main. Ou bien la main pourrait ne pas savoir que la jambe utilise le même système nerveux et décider de le faire évoluer en fonction de ses propres besoins. Le corps se retrouve alors avec deux systèmes ayant la même fonction !

Transposé à l'entreprise, vous vous retrouvez donc avec deux départements ou équipes en compétition. Ce qui peut créer des malentendus importants ! Les doublons sont souvent sources d'irritation pour les autres managers, rendant plus difficile le passage de vos idées. C'est souvent à cause de cela que vous aurez des défis politiques.

J'ai déjà vu un département vouloir démarrer une initiative dont l'objectif était exactement, à quelques éléments près, celui d'un autre département. Cette situation crée beaucoup d'inconfort et de remous dans les équipes. Sans parler des tensions incroyables entre les managers. Il est donc essentiel de constamment observer, communiquer et trouver les éléments communs pour éviter les silos, la redondance et les systèmes incompatibles qui engourdissent, mais surtout créent des tensions inutiles. Plus vous communiquerez, plus vous identifierez facilement les objectifs communs, les interfaces, les éléments de collaboration. Cela vous aidera aussi à savoir quand créer des équipes communes afin d'être plus efficace et d'éviter de marcher sur les pieds des autres.

L'objectif est donc de s'ouvrir au maximum pour éviter les angles morts au niveau des équipes. Et un autre élément important à prendre en considération dans la politique d'entreprise est le phénomène de la chambre d'écho.

LA CHAMBRE D'ÉCHO

Avez-vous déjà entendu parler du concept de la chambre d'écho ? À l'intérieur d'un système fermé, la chambre d'écho amplifie une situation ou des croyances. Un peu comme sur les réseaux sociaux, les algorithmes nous proposent sans cesse des contenus censés correspondre à nos goûts… et nous enferment peu à peu dans une seule et même chambre d'écho, dans une bulle.

En tant que manager, il est important d'en prendre conscience, car la chambre d'écho peut advenir au sein de vos équipes, de l'entreprise. Les signes sont des idées partagées qui nous semblent logiques et abondent dans notre sens – celui de nos propres convictions ; des sources qui ne sont pas remises en question ; des points de vue opposés censurés ou sous-représentés. La chambre d'écho est un phénomène naturel dont le manager doit être conscient au moment présent, en tout temps, pour éviter ses effets négatifs.

Il est possible que certains gestionnaires décident consciemment de créer une chambre d'écho afin de faire passer un projet favorable à leur intérêt personnel. Ils s'entourent alors de personnes qui pensent comme eux. Il faut être particulièrement vigilant à certains moments propices, notamment lors du développement et de l'amélioration de méthodes de travail ou de gestion, de la définition d'un produit ou d'un service, durant la mise en place de procédures, ou lorsqu'une décision importante se prend en vase clos, sans consulter les équipes ou les marchés.

Les chambres d'écho peuvent se créer sous différentes formes et être présentes à tous les niveaux hiérarchiques. Dès que vous arrêtez de vous mettre à l'épreuve et de sortir de votre zone de confort ; que vous êtes convaincu de quelque chose et que vous avez des difficultés à prendre en considération de nouveaux points de vue ; que vous réduisez vos interactions avec un collègue qui a un point de vue différent ; ou que, dans vos réunions, il devient difficile de discuter d'un sujet, les risques sont accrus de créer une chambre d'écho. Nous devons tous y être attentifs.

Cela peut arriver dès qu'il y a un manque d'énergie dans l'équipe pour mettre à l'épreuve le point de vue commun. Ou quand lorsque l'on a tendance à rechercher le réconfort et la sécurité dans une prise de décision difficile ou dans le lancement d'un projet. Attention, une petite chambre d'écho peut être utile pour qu'une idée émerge, mais il faut en être conscient et en sortir dès que les idées et prototypes sont concrétisés.

Si votre réponse face à un problème est qu'il n'y a qu'une seule solution, il faut se méfier. Il est possible que vous ayez la bonne solution, mais prenez le temps d'abord de la remettre en question. Seulement après réflexion, poursuivez dans cette direction.

En définitive, il n'y a pas que de mauvais aspects dans une chambre d'écho si elle est utilisée consciemment. Faites attention aux signes et rappelez-vous juste d'en sortir de temps en temps ! Si vous avez le sentiment d'être pris au piège, n'oubliez pas de remettre en question vos habitudes, vos méthodes et vos décisions de groupe. N'attendez pas de dépenser des millions pour un produit qui n'aura pas de marché !

À noter que poussée à l'extrême, la chambre d'écho qui perdure depuis longtemps peut devenir ce que l'on appelle dans l'industrie une « vache sacrée ». Vous savez, ces éléments impossibles à bouger en entreprise sans vous mettre le management à dos… Par exemple, si votre patron adore une idée de produit qu'il pousse depuis des mois, voire des années, même si aucun client n'achète et que le marché ne semble pas prêt, il vous sera impossible de ré-examiner cette idée. La remettre en question serait perçu comme un blasphème. Si vous prenez la chambre d'écho au sérieux dès le départ, vous éviterez qu'elle devienne une vache sacrée, beaucoup plus difficile à contourner par la suite.

BRISER LA CHAMBRE D'ÉCHO

Un jour dans une entreprise où je travaillais, l'équipe de direction a décidé qu'il y avait un marché incroyable pour un produit. Personne n'avait fait de réelle analyse de marché, pourtant tout le management était d'accord pour investir de grosses sommes d'argent. La direction était si sûre d'elle qu'il était presque impossible de poser des questions sur la source des chiffres, les volumes estimés ou les missions sans qu'ils ne le perçoivent comme une remise en question de leur autorité.

Or pour une technicienne comme moi, il est important de m'assurer de tous ces aspects. Au départ j'ai néanmoins pris part à cette chambre d'écho, pensant que je devais leur faire confiance. Si la direction et l'équipe de développement des affaires affirmaient que les volumes seraient là, qui étais-je pour les mettre en doute ? Je n'ai pas posé de questions.

C'était la chambre d'écho parfaite : les sources ne pouvaient être remises en question ; les points de vue opposés étaient censurés, il était même impossible d'avoir une discussion sur le sujet ; les idées partagées semblaient logiques et allaient dans le même sens ; qui plus est, j'allais, grâce à ce produit miraculeux, avoir des budgets pour monter une ligne de production toute neuve. Fantastique !

Cette situation a duré quelques mois jusqu'au jour où l'aspect technique de mon travail a nécessité une réponse plus précise.

Je devais savoir si les volumes miraculeux allaient plutôt être de l'ordre de 10 K ou 100 K par jour de production. Car, selon les volumes, la stratégie n'était pas la même pour développer une ligne de production. Je me souviens parfaitement du nombre de fois où j'ai dû demander les chiffres pour finalement m'entendre dire qu'il n'était pas important, pour mon travail, de connaître cette donnée.

Après avoir vérifié partout, je suis arrivée à la conclusion qu'aucune analyse des volumes n'avait jamais été effectuée... Tout ce projet n'était basé que sur une impression de la direction. J'ai réalisé que je devais briser cette chambre d'écho.

J'ai pris le temps de discuter en profondeur avec mon chef. Je lui ai demandé par la même occasion pourquoi personne dans notre équipe n'achetait ce fameux produit s'il était si spectaculaire... Quelque chose ne fonctionnait pas. Heureusement, mon chef m'a écoutée et entendue et quelques mois plus tard, les plans de grandeur avaient été révisés.

Moi qui croyais, pour bien travailler en équipe, qu'il fallait accorder une confiance quasi aveugle aux autres expertises, qu'il me suffisait de simplement faire ce qui était dans ma fiche de poste ! Depuis ce jour, je me suis promis de ne plus limiter mes responsabilités à l'aspect technique. Être un leader, c'est aussi se poser les bonnes questions.

Et plus on monte dans la hiérarchie, plus on a de risques de créer une chambre d'écho. Difficile en effet de contredire le patron... À votre échelle, prendre conscience de ce phénomène de groupe, comme de vos angles morts personnels, est déjà un bon pas pour ne pas se laisser y enfermer.

STIMULER L'ENGAGEMENT DE SON ÉQUIPE

L'objectif ultime en tant que manager et leader, au moment présent, est de chercher à augmenter l'engagement de notre équipe de façon continue. On dit d'ailleurs qu'un taux d'engagement supérieur à 75 % est un bon objectif. C'est le KPI ultime du manager. Par ailleurs, en appliquant les conseils de ce livre, l'engagement de mon équipe est passé de 65 % à 75 % en moins d'un an. Mieux encore, son engagement variait entre 78 % et 82 % pendant que les départements connexes étaient à moins de 50 %.

L'engagement peut être mesuré régulièrement, grâce notamment à des logiciels tels que Workday Peakon Employee Voice. Cette plateforme de réussite des employés recueille leurs commentaires en temps réel, les analyse et fournit les informations sur le niveau d'engagement de l'équipe.

Comment faire pour stimuler l'engagement de son équipe ? Voici onze points à inclure dans votre quotidien pour vous aider à développer une culture de confiance au sein de votre équipe, et donc à augmenter le taux d'engagement. Ils permettront à votre équipe de prendre plus de risques et de mieux performer.

Montrer l'exemple

Soyez un modèle ! Faites ce que vous vous êtes engagé à faire et mettez en place ce qui a été décidé en équipe. Soyez disciplinés. Et si vous devez changer de plan, expliquez pourquoi.

La répétition

Vous avez bien travaillé avec votre équipe pour mettre en place la structure, vous avez maintenant la responsabilité en tant que leader de respecter ce passé. Faites des suivis, encouragez l'utilisation des procédures et méthodes, utilisez-les vous-mêmes. La clé ici est de répéter continuellement l'importance de ces systèmes et méthodes. La répétition est une notion du temps que le manager se doit de maîtriser. Cette rigueur aide à devenir efficace et permet à tous de se fier les uns aux autres. Par conséquent, cela va générer une culture du respect et du travail d'équipe, au sein de laquelle ce que l'on fait est important, où l'on respecte ce qui a été créé. Rien de pire que de voir que le travail qu'on a fait ne sert à rien.

Rester naturel

La fréquence

Il n'y a rien de parfait en ce monde et personne ne l'est. Un manager a ses défauts et ses qualités, acceptez-les. Un manager bien dans sa peau et ne craindra pas de s'exprimer et de proposer ses idées, sa vision. Lorsqu'une équipe voit son manager courageux, cela forge le respect et incite à vouloir faire la même chose. Si vous appliquez ces principes, votre équipe saura qu'elle peut être elle-même et que les différences seront appréciées et utilisées. Vous allez insuffler une culture dans laquelle être soi-même sera valorisé.

On parle du pouvoir de la diversité, c'est en commençant par accepter sa propre diversité que l'on saura rester ouvert. En étant authentique, honnête et transparent, on inspire les autres à faire de même. Par conséquent, l'équipe sera plus rapide, car elle aura confiance, elle saura que les difficultés de chacun seront respectées et surtout bien accueillies.

Être à l'écoute

La fréquence

Les angles morts nous empêchent d'avancer et d'être plus efficace en équipe. Le seul moyen de s'en sortir est d'écouter les retours de son équipe, même quand ce n'est pas facile ! Faites confiance.

Si vous avez envie de dire : « Ne t'inquiète pas ! », c'est que vous n'avez sûrement pas écouté. Si vous avez l'impression qu'une personne est incompétente, c'est peut-être que vous avez manqué quelque chose.

Dès que les choses ne sont pas comme vous pensez qu'elles devraient être, demandez-vous si vous avez réfléchi à tous les angles possibles du problème. Si vous êtes en mode écoute, vous inspirerez la culture du respect et de l'entraide. Vous développerez vos relations et identifierez plus rapidement ce qui manque pour être performant, et ce de façon humaine.

Gérer les différences de perception

La longueur d'onde

Lorsque l'on gère une équipe, tout le monde est différent et a donc besoin de choses différentes. Parfois être juste veut dire s'adapter différemment aux besoins de chacun. Ce faisant, il est possible que tous ne perçoivent pas la même chose de vos décisions. Par conséquent, il est important d'être transparent sur vos méthodes et motivations.

Accepter les mauvaises nouvelles

La fréquence

Pour s'améliorer constamment, il faut apprendre et commettre des erreurs sans perdre son enthousiasme. Et en tant que manager, il faut être capable d'entendre les problèmes et de les accueillir positivement. C'est le cours normal des choses.

Ne dites pas à votre équipe : « N'arrivez pas avec des problèmes sans solution ! » C'est la pire chose à dire, car cela ralentira la communication des problèmes... Si la personne n'a pas la capacité d'apporter une solution ou qu'elle n'a pas l'autorité pour faire passer un changement, le problème pourrira. Alors, remerciez lorsqu'un problème est partagé ! « Merci, c'est une chance que l'on prenne conscience de ce problème en amont, car maintenant on peut agir en équipe. »

Plus vous les accueillerez facilement, plus vous constaterez que le ton sera positif. Votre équipe n'aura pas besoin d'insister ou d'avoir un ton dramatique pour que vous compreniez l'importance des choses.

Stimuler l'amélioration continue

Identifiez lorsque la méthode ou le système mis en place doit être amélioré. Osez parler des mauvais côtés afin de comprendre comment vous pouvez les contourner.

Montrez aussi que les changements sont possibles. Par expérience, une équipe qui sait que l'on peut changer les méthodes et systèmes, et qu'une personne en est responsable, sera plus adaptable. Si ça ne marche pas, il sera toujours possible de faire des changements. Il devient donc plus facile de tester sans trop de réticence et de s'améliorer.

Le mouvement

Assurez-vous donc que le mouvement est possible. Tant qu'une nouvelle méthode est en mouvement, elle est vivante et votre équipe voudra l'accompagner.

Lâcher prise

Indispensable pour stimuler les initiatives et la créativité ! Lâchez la bride, pas besoin de savoir ce que tout le monde fait, quand et pourquoi. Donnez le pouvoir aux membres de votre équipe de gérer leur temps et leur prise de décision. Ce faisant, vous allez créer une culture où chacun est responsable.

L'énergie

Ne soyez plus un manager qui dit quoi faire, soyez le leader qui inspire et guide vers une vision et des objectifs communs. Sachez déléguer des projets qui s'accordent avec les passions et les intérêts des membres de l'équipe. Vous allez constater que les gens vont en faire bien plus que si vous les contrôliez. Ils seront plus créatifs, plus enclins à tester, et auront davantage envie de vous impressionner. Utilisez votre énergie à stimuler au lieu de contrôler.

Si en appliquant cette règle, quelqu'un dans votre équipe qui refuse malgré tout de vous suivre, revenez au point 3 et soyez à l'écoute, car vous avez peut-être un angle mort. Il se peut aussi que la personne n'ait pas un profil adéquat pour votre département. Dans ce cas, laissez-la partir pour une autre équipe si elle le souhaite.

Faire des retours

J'ai eu, par le passé, un chef qui me demandait de générer un rapport sur les activités de mon équipe toutes les semaines, sans m'expliquer pourquoi ou ce qu'il allait en faire. Après quelques semaines sans retour de sa part, vous imaginez que j'étais moins motivée à l'idée de prendre une heure de mon temps pour achever ce rapport que personne ne semblait lire…

J'ai donc décidé de tester mon chef en arrêtant de produire ce rapport. Il ne s'en est rendu compte que cinq semaines plus tard ! Il n'était évidemment pas content, mais ne m'a pas demandé pour autant pourquoi j'avais arrêté... C'est moi qui ai pris le temps de lui expliquer pourquoi j'avais décidé de prioriser des choses qui semblaient plus utiles, car il avait mis cinq semaines avant de se rendre compte de la disparition du rapport. Il a finalement compris mon point de vue et s'est mis à lire le rapport et à en discuter avec moi chaque semaine.

La longueur d'onde

Rien n'est moins motivant que de travailler sur des sujets auxquels personne ne s'intéresse... Alors, en tant que manager, si vous demandez quelque chose à votre équipe, prenez le temps de remercier et de faire un retour sur le travail effectué.

LA BALLE ROUGE, OU L'EXPÉRIENCE DU RETOUR

Imaginez-vous dans une salle avec une trentaine de personnes, un animateur propose de participer à un jeu et demande à trois volontaires de sortir. Une fois ces personnes hors de la salle, l'animateur explique les règles du jeu qui sont simples : il va cacher une petite balle rouge dans la salle, dont toutes les personnes présentes connaîtront l'emplacement. Il demandera ensuite aux trois personnes de revenir dans la salle une à une.

Quand la première personne revient, vous ne pouvez lui donner que des retours positifs.

C'est-à-dire que vous devrez l'encourager à trouver la balle en la motivant. Vous pouvez lui dire qu'elle s'y prend très bien ou lui signaler lorsqu'elle chauffe. Grâce à vos informations positives, elle trouve rapidement la balle.

Au tour de la deuxième personne. Vous ne pouvez lui donner que des retours négatifs. Lui dire qu'elle n'est pas assez rapide, qu'elle n'a pas la bonne méthode, qu'elle est passée devant la balle mais n'a rien vu... Cette deuxième personne sera sûrement très surprise de ce qui lui arrive, mais, puisque c'est un jeu, elle continuera et finira par trouver la balle. Peut-être moins rapidement que la première, mais elle la trouvera.

Arrive enfin la troisième personne. Les instructions cette fois-ci sont de ne rien faire. En fait, vous ne devez même lui porter aucune attention. Vous pouvez, par exemple, regarder votre téléphone, parlez entre vous, mais jamais ne la regarder... aucune attention.

Que feriez-vous à sa place ? Vous devez trouver une balle rouge dans une salle remplie de personnes qui ne vous portent aucun intérêt. Sans attention ni retours, il y a de fortes chances qu'elle abandonne, car la tâche perd son sens.

Vous comprenez maintenant le rôle que jouent les retours sur la motivation des équipes et pourquoi, comme je vous le disais plus haut, j'avais arrêté de faire des rapports... Sans retour, on perd l'engagement et le sens d'une tâche.

Utiliser les forces de l'équipe

Il m'est arrivé de changer de chef en restant dans un même poste. Je me souviens d'une fois notamment, où je suis passée d'une manager fantastique, qui me laissait libre cours pour insuffler un esprit d'équipe, à un manager qui ne me reconnaissait pas du tout cette compétence. Ma première manager me demandait d'organiser des activités sociales avec notre équipe. À chaque fin de gros projets par exemple, j'organisais un événement spécial pour fêter les accomplissements. J'adorais contribuer de cette façon, qui rendait mon travail, plutôt technique, plus valorisant encore. Avec le nouveau manager, j'ai poursuivi ces activités sociales jusqu'au jour où j'ai découvert qu'il ne les appréciait pas. Il tolérait que je continue, mais n'y voyait aucune valeur ajoutée. Je pense même que cela me nuisait lors de mes évaluations. Cela a considérablement réduit mon engagement au travail.

La fréquence

Si vous avez étudié des années dans un domaine et que vous êtes un expert ou si vous avez acquis une expérience importante, il serait surprenant que vous ne souhaitiez pas que votre talent et votre savoir soient mis à profit dans votre équipe. Il n'y a rien de pire pour la motivation et l'engagement de voir que notre valeur sous-utilisée ou non reconnue. On a le sentiment d'être invisible pour sa hiérarchie. Alors, en tant que manager, prenez le temps de découvrir les talents et expertises de votre équipe, ce que chaque membre considère comme étant sa valeur ajoutée, comment il peut contribuer aux objectifs, etc.

Donnez-leur des responsabilités correspondant à leur valeur ajoutée et le sentiment qu'ils font la différence.

Mettre à profit les intérêts personnels

Il y a plusieurs années, une de mes opératrices de fabrication m'a confié adorer faire l'inspection des pièces. Pourtant son poste n'impliquait pas de contrôle qualité. J'ai rapidement décidé de la former sur ce sujet et de lui permettre de faire ce qui lui plaisait. Avec le temps, elle a appris les outils et les méthodes pour devenir responsable qualité, quittant petit à petit ses responsabilités de production. Lorsqu'elle est venue me dire qu'elle avait une offre d'emploi en production avec un salaire supérieur à ce que je pouvais lui offrir, je n'ai pas eu de mal à la convaincre de rester... Elle était consciente de son évolution au sein de notre équipe et savait que parce que je lui laissais explorer des choses qui lui plaisaient, elle accélérerait bientôt sa transition de carrière pour devenir manager qualité.

Le mouvement

Soyez à l'écoute des passions et intérêts personnels. Si vous prenez le temps d'apprendre ce que chacun des membres de votre équipe aime, ce qui les intéresse, ce qu'ils ont envie de développer et que vous tentez ensuite d'aligner leurs responsabilités avec, ils ne voudront pas partir aussi rapidement.

Accepter l'imprévu

L'idée est simple : l'homme n'est pas une machine. Alors, il faut s'attendre à des imprévus. Une variabilité dans ses capacités, le niveau d'énergie en fonction du temps, des changements dans les intérêts, une progression dans les compétences... Même les machines ont un certain niveau de variabilité et ont besoin d'entretien pour fonctionner. Ne pensez donc pas qu'une personne devrait être constante et donner toujours le même résultat. C'est un manque de compréhension de la nature humaine.

Si l'un de vos collaborateurs a commis une petite erreur ou oublié quelque chose, ce n'est pas un drame. Il est humain. Comme on a plus tendance à souligner les fois où l'on commet des erreurs que les fois où l'on réussit, cela risque en outre de créer une frustration. Il faut en effet cinq fois plus de positif pour contrebalancer l'effet du négatif, car l'humain a tendance à ne retenir que le négatif. Ce ratio a été déterminé par le psychologue John M. Gottman dans son livre *The Relationship Cure*. Pour avoir des relations saines qui perdurent, il a identifié qu'il fallait cinq interactions positives pour contrecarrer les effets d'une interaction négative. À part mettre mal à l'aise la personne, les petits commentaires ne changeront donc rien à la performance générale. Elle pourrait même s'empêcher d'essayer de nouvelles choses, de prendre des risques parfois nécessaires pour atteindre un meilleur résultat, car elle craindra de se tromper ou de ne pas être à la hauteur.

Si l'erreur est importante et qu'il faut lancer une action immédiate, commencez par lui demander si elle sait comment résoudre la situation. Au lieu de pousser et d'écraser la personne, mieux vaut la supporter. Elle sait qu'elle n'a pas été parfaite, mais maintenant elle sait aussi que vous acceptez qu'elle soit humaine.

Et si les erreurs se répètent trop, faites des retours et apportez l'aide nécessaire.

Voilà ! Vous êtes maintenant bien ancrés dans le temps présent. Tout est en place pour communiquer, développer vos relations, guider votre équipe et stimuler son engagement. Maintenant, dernière étape de ce voyage, il est temps d'apprendre à se projeter dans le futur afin de relever les défis qui sont devant vous. Car plus vous avancerez dans l'entreprise, plus vous devrez anticiper le futur.

PARTIE 3

VISUALISER LE FUTUR

S'il ne se projette pas dans le futur, le manager n'est pas un voyageur du temps. Pour développer et mener son équipe à une destination le plus rapidement possible, il a besoin de visualiser le futur. Ce qui lui permettra de prendre les bonnes décisions et d'orienter son département en fonction des objectifs de l'entreprise et des ressources disponibles.

Une équipe qui ne sait pas par où aller cherchera une orientation par elle-même. Et croyez-moi, sans objectifs clairs, il s'en crée d'autres, autrement plus chaotiques… Ne laissez pas le hasard choisir ! Soyez proactif. Pour se faire, il faut apprendre à se développer, à développer son équipe, à définir les bons objectifs, élaborer les plans et calendriers et à gérer l'incertitude. C'est ainsi que vous atteindrez le but de tout voyageur du temps : devenir un véritable leader.

SE DÉVELOPPER

Dans son livre *Le Cygne noir*[2], Nassim Nicholas Taleb met en avant le concept de « cygnes noirs », ces événements positifs ou négatifs que l'on croit improbables mais qui entraînent des conséquences massives. Il est impossible de prédire le futur à 100 %, notamment en raison des « cygnes noirs ». Le manager doit donc se développer et développer son équipe pour augmenter ses chances de relever les défis apportés par un avenir incertain. Plus il stimulera le mouvement, plus ses équipes s'adapteront. Stimuler le mouvement c'est stimuler un changement d'état dans le temps pour atteindre un état souhaité pour la suite. Il faut pour cela déterminer la bonne vitesse pour son équipe, puis identifier la « quantité de mouvement » disponible pour avancer et utiliser le pouvoir de la répétition et de la priorisation.

LA BONNE VITESSE POUR LANCER SES PROJETS

La vie nous pousse souvent à aller à une vitesse qui n'est pas naturelle pour nous. Parfois les choses vont trop

2. Les Belles Lettres, 2007.

rapidement et il faut ralentir, d'autres fois c'est l'inverse. Avez-vous remarqué que ralentir ou accélérer par rapport à notre vitesse naturelle n'est jamais agréable ? Ne pas prendre de pause de la journée par exemple, ou attendre une heure que notre conjoint soit prêt à partir. Dans les deux cas, ne pas aller à notre vitesse naturelle brûle notre énergie. Connaître sa vitesse naturelle, et ce dans tous les domaines, est le point de départ pour adapter son organisation en conséquence.

Première chose : détecter les signes d'une vitesse inadaptée. Par exemple se sentir fatigué avant même la fin de la journée, être à bout de patience face à un imprévu (impossibilité de bien réagir quand notre chef nous propose une nouvelle tâche ou activité), ne pas se sentir capable de tenir des conversations importantes, ne pas avoir assez d'énergie pour se porter volontaire, avoir le sentiment de manquer de temps...

Ensuite, repérer quand on s'approche des zones rouges : le *burn out* ou le *bore out*.

Le « *burn out* », aller trop rapidement

Il existe plusieurs causes de *burn out* : faire des tâches épuisantes de façon répétée, vivre dans des conditions financières précaires, avec la peur constante de perdre son travail, avoir régulièrement des conflits avec ses collègues, travailler dans un environnement bruyant, passer trop de temps dans les transports...

Tous ces éléments consomment notre énergie. Et si notre consommation d'énergie dépasse la vitesse de recharge, nous allons nous épuiser. Car c'est aller à une vitesse supérieure à notre rythme naturel et idéal. Cela peut arriver lors de courts épisodes de notre vie, mais quand cela se répète ou perdure, notre vitesse moyenne se modifie, ce qui devient insoutenable sur le long terme.

Le « *bore out* », aller trop lentement

Il y a quelques années, j'ai expérimenté le « *bore out* ». Pas évident… Avant de le vivre, je n'aurais jamais imaginé à quel point c'est plombant. Aller au travail sans y être stimulé ou ne pas se voir confier de responsabilités à la hauteur de ses capacités, c'est épuisant au bout de quelques mois. Et cela se traduit souvent par les mêmes symptômes que ceux du *burn out*. Pourtant, la cause est différente : la vitesse n'est pas la même.

Au-delà du coup d'arrêt que cela met momentanément à notre carrière, ne pas utiliser pleinement son temps et ses capacités coûte en énergie. Vous vous souvenez quand je vous disais plus haut que les voitures électriques récupèrent l'énergie au freinage ? Il y a une bonne raison à cela : pour ralentir, il faut évacuer l'énergie. Lorsque nous ralentissons, nous dissipons de l'énergie, qui nous est bien souvent invisible. Sur le long terme, aller moins vite que notre vitesse naturelle nous fait donc perdre en énergie. Car ce qui est insidieux, c'est que nous croyons que nous avons davantage d'énergie disponible, puisque nous n'avons pas tout utilisé. Or le ralentissement nous aura demandé une énergie invisible. C'est là qu'on culpabilise et qu'on se demande ce qui ne va pas : Pourquoi suis-je épuisée alors qu'on me sous-emploie ?

Comment jauger alors la bonne vitesse ? Généralement il faut ralentir, mais dans une certaine mesure.

Ralentir

La meilleure astuce pour apprendre à équilibrer sa vie, bien s'organiser et être performant – nous-même et notre équipe – est de ralentir. Si vous êtes en *bore out*, et donc déjà au ralenti malgré vous, il vaudra mieux vous assurer d'avoir dans votre emploi du temps des éléments qui ont de la valeur pour vous. Inclure par exemple dans votre journée plus d'actions qui vous procurent du bonheur : apprendre, enseigner, aimer... (voir le détail plus loin dans le paragraphe « Les vertus de la répétition »). Et si la situation de *bore out* perdure au travail, parlez-en à votre hiérarchie, aux RH, voire renseignez-vous pour changer de poste ou d'entreprise.

Pour les autres, quand on ralentit, tout devient plus visible. Nous voyons par exemple plus de détails lorsque nous marchons que lorsque nous sommes en voiture. C'est la même chose avec notre vitesse d'action dans la journée. En ralentissant, certains détails seront plus clairs et cela nous aidera à prendre des décisions, à prioriser et à gagner du temps.

> « *Ralentir permet de faire ressortir ce qui est important.* »

Ralentir nous aide aussi à récupérer de l'énergie. Par exemple, vous venez de terminer une réunion difficile, au lieu de continuer à courir et vous lancer immédiatement dans un nouveau dossier, faites une pause, pourquoi pas une méditation ? Je vous garantis qu'en ralentissant un peu, vous irez plus rapidement sur la moyenne, même si c'est contre-intuitif.

Pourquoi ralentir et non accélérer ? Ralentir nous permet d'identifier ce qui est vraiment important, d'éliminer le superflu et les éléments qui ne nous appartiennent pas vraiment car provenant des autres, de la société.

Pourquoi est-ce si difficile de ralentir ? Parce que la société est très exigeante : si les autres peuvent le faire, nous aussi, nous pouvons le faire ! Il faut travailler beaucoup pour démontrer son engagement, être performant, être à l'écoute, être un bon conjoint, aider les enfants à faire leurs devoirs, voir ses amis, sa famille, bien manger, faire du sport, de la méditation, apprendre une nouvelle langue et commencer des cours de chant... Pas étonnant qu'on commence à parler aujourd'hui de « *slow living* » pour gérer cette charge mentale. C'est trop de choses à faire dans le temps qui nous est imparti. Pourtant, si l'on ralentit, il y a des risques, pense-t-on, de ne pas être à la hauteur des attentes, de nos attentes.

En réalité, il faut prendre en compte trois paramètres dans l'équation : il faut choisir ce qu'il est important de faire (nombre d'attentes) et dans quels délais on peut les faire (temps disponible). Ainsi l'on trouvera la bonne vitesse :

Vitesse = nombre d'attentes/temps disponible

Nos attentes devraient être liées à nos besoins. Or il est difficile de traduire nos besoins en actions concrètes, car ils relèvent bien souvent de concepts intangibles, tels que l'authenticité, la créativité, l'estime de soi, l'expression sexuelle, l'ordre, l'empathie... Alors, comment passer d'un concept intangible à des actions concrètes ? En étant pragmatique et s'efforçant de garder une vue d'ensemble sur sa vie.

EXERCICES

Déterminez votre vitesse naturelle

Dans une colonne, dressez la liste de vos attentes et inscrivez dans une deuxième colonne en face le temps disponible pour chaque attente.

Peut-être vous rendrez-vous compte que vous devez réduire vos attentes pour respecter vos besoins.

Ralentissez si besoin

Diminuez le nombre d'heures au travail, prenez plus de pauses dans vos journées, faites des mini-méditations entre vos réunions. Cet exercice de ralentissement sera très révélateur.

Espacez vos tâches

Vous voulez apprendre une nouvelle langue ou vous inscrire à un nouveau sport mais ne trouvez pas le temps ? Planifiez votre organisation sur une période plus longue : une semaine n'est qu'un concept inventé par l'homme. Voyez votre vie comme un cycle beaucoup plus long, vous aurez ainsi beaucoup plus de temps disponible dans votre équation. On peut faire les choses une semaine sur deux par exemple, ou une fois par mois, ou bien se donner des objectifs sur le long terme.

S'INSCRIRE DANS LE MOUVEMENT

Êtes-vous du genre à vouloir n'embaucher que des collaborateurs qui sachent déjà tout faire de leur travail, ou acceptez-vous qu'ils gagnent en compétences ?

En général, lorsque l'on analyse des capacités, on ne pense pas assez à la manière dont on s'inscrit dans le mouvement. Trop souvent, on ne pense qu'en fonction de l'état momentané. On pense en termes de **potentiel**, c'est-à-dire d'une estimation de ce que l'on pense **possible** en considérant l'analyse d'un point fixe.

Or ce qu'il faut savoir, c'est que cet état fixe n'existe pas vraiment : ce que vous êtes aujourd'hui ne sera pas ce que vous serez demain. En prenant en compte le temps dans son analyse, on arrive à penser en termes de « **quantité de mouvement** ». Qu'est-ce que c'est exactement ? C'est une estimation de ce que l'on pense **réaliste** en considérant l'analyse du point fixe.

Prenez par exemple une personne très intelligente : elle a le potentiel de faire plein de choses, mais si elle n'a pas assez de quantité de mouvement disponible, d'énergie pour accepter de faire des erreurs et d'apprendre, elle n'arrivera pas à changer d'état.

En physique, la quantité de mouvement est égale à la masse multipliée par la vélocité.

$$\textit{Quantité de mouvement} = m\vec{v}$$

m = masse, v = vélocité

Si l'on fait un parallèle entre la physique et notre vie, la masse, c'est ce que nous avons envie de développer, ce qui a de l'importance pour nous. La vélocité, c'est un vecteur de vitesse, une vitesse à laquelle on veut et on peut se développer, comme une intention.

La quantité de mouvement, c'est donc l'élan que l'on a pour aller dans une certaine direction, qui nous pousse à réaliser nos souhaits. Penser en termes de « quantité de mouvement » permet d'envisager une amplitude et une direction, qui offrent plus de paramètres que le seul potentiel.

Trouver son « m » et son « v »

Concrètement maintenant, comment utiliser le concept de quantité de mouvement ?

Plus vous aurez d'énergie et de temps disponible sur une longue période et plus vous pourrez vous développer. Inutile de parler de potentiel à devenir un virtuose de la musique si vous n'avez aucun temps disponible pour développer des compétences dans ce domaine. Pour développer votre carrière, pensez aussi à ce que vous aimeriez développer demain, c'est-à-dire à votre « masse », votre « m ». Réfléchissez en fonction de vos centres d'intérêt : ce qui a le plus d'importance pour vous, ce qui a le plus d'impact sur votre bonheur...

Ensuite, déterminez la vitesse à laquelle vous voulez le faire, soit votre « vélocité », votre « v ». Parlez avec votre manager pour trouver des moyens de vous dégager du temps. Pensez aussi à déléguer, ou transférer des responsabilités.

Votre but est de créer votre emploi de rêve dès aujourd'hui et non pas dans dix ans ! Un simple petit mouvement aujourd'hui peut avoir un impact sur le long terme. Et pensez régulièrement à identifier ce qui vous intéresse et la vitesse à laquelle vous voulez l'accomplir.

Trouver le « m » et le « v » de son équipe

Vous pouvez faire la même chose pour développer votre équipe. Demandez-vous, en tant qu'équipe, où vous en êtes : qu'est-ce que l'équipe est capable de faire aujourd'hui ? Quelles sont nos compétences de groupe ? Quelles sont les compétences qui nous manquent ? Quels sont les membres de l'équipe qui souhaitent apprendre et quoi ? Est-il possible de lier le désir d'évolution des membres de l'équipe avec les objectifs ? Quels sont les systèmes, les processus, les compétences à développer pour rendre l'équipe plus heureuse et efficace ?

Pour répondre à toutes ces questions, lors des entretiens annuels, vous pouvez déterminer le « m » de chacun des membres de l'équipe (qu'est-ce qu'ils aiment ou qu'est-ce qui les intéresse ?) et le « v » (à quelle vitesse peuvent-ils y arriver ?). Vous pouvez leur trouver des projets et des responsabilités qui sont alignés avec ce qu'ils aiment, ce qui est important pour eux et leur fixer des délais en adéquation avec leur « v ». Vous les aiderez ainsi à développer leurs forces et à devenir une meilleure version d'eux-mêmes.

Et il n'est même pas nécessaire d'attendre l'évaluation de fin d'année ! Si on veut créer du mouvement, il faut lancer des actions continuellement. Pour cela, faites appel à vos forces… et vos faiblesses.

TRAVAILLER SES FORCES ET FAIBLESSES

On dit souvent que le leader doit avoir une longue liste de qualité, mais c'est faux. Avez-vous déjà vu un leader parfait ? Personne ne l'est. Sans compter que nos caractéristiques évoluent dans le temps. Alors, si nous sommes imparfaits, pourquoi les autres sont-ils prêts à nous suivre ?

Parce que nous avons tous un élément qui nous distingue, un trait particulier que l'on nous reconnaît et qui concourt à la réussite de l'équipe. Steve Jobs, par exemple, était reconnu pour ses idées innovantes. Sa force était sa capacité à ne pas se contenter du présent, mais à anticiper le futur. C'était un excellent voyageur dans le futur, il avait la capacité de mener son équipe vers des objectifs hors normes. Mais il avait aussi beaucoup de défauts, et pourtant on l'a suivi. Ce n'est pas notre perfection qui donne envie de nous suivre, ce sont nos forces et nos expertises, elles rassurent. Il faut donc entretenir les forces qui nous différencient pour devenir « *spiky* », comme on dit en anglais, c'est-à-dire « pointu ». Devenez le leader que vous êtes en misant sur vos forces !

On peut voir toutes ces forces, ces éléments qui nous passionnent, qui nous font vibrer et que l'on maîtrise, comme des fréquences, qui nous permettent d'être sur la même longueur d'onde que les autres. On peut représenter chacune de ces forces par une fréquence qui, comparées à la moyenne de la société, seront naturellement plus hautes ou plus basses. Par exemple, vous aimez faire des présentations dynamiques au travail. Avec le temps, vous avez développé un talent de communicant, vous êtes reconnu par vos pairs et on vous demande souvent de l'aide pour présenter. Votre « *spike* », cet élément qui vous fait sortir du lot, est donc votre capacité de communication. Ce sera votre originalité, comme on peut le voir sur ce graphique :

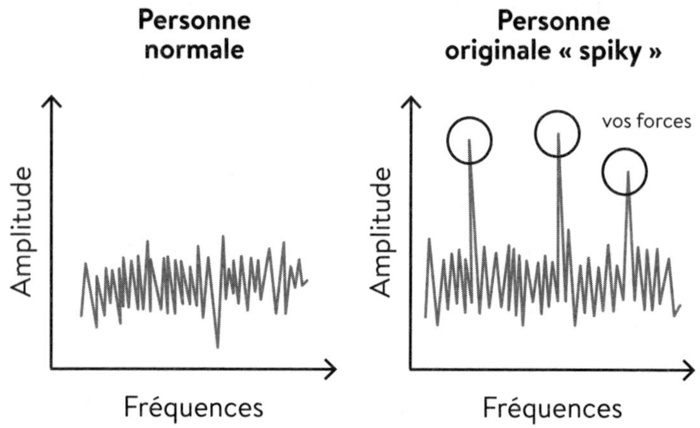

En somme, pour devenir original, il faut développer ses forces. Comment ? Déjà, en acceptant d'être imparfait. C'est-à-dire en acceptant qu'il est possible de commettre des erreurs, surtout lorsque l'on apprend ; en apprenant à demander de l'aide lorsque l'on fait quelque chose qui ne fait pas partie de nos forces ; en nommant nos faiblesses, première étape pour les accepter un jour ; en repérant nos angles morts ; en reconnaissant notre état naturel ; en étant honnête avec nous-même, etc. Ensuite, demandez-vous où est-ce qu'il serait facile pour vous de progresser, où votre quantité de mouvement (vos intérêts et votre vélocité) est à son maximum.

À noter, qu'l est naturel de vouloir travailler aussi ses faiblesses pour qu'elles ne nous ralentissent pas, mais après un certain temps, il faudra accepter ses limites. Il n'est pas possible d'être bon dans tout. Il faut faire des choix. Et si vous avez un défaut majeur, un pic très bas, vous pouvez essayer de le faire remonter pour éviter d'être reconnu principalement pour ce défaut (!), mais n'y mettez pas trop d'énergie pour autant. Assurez-vous juste qu'il ne vous gêne pas dans les aspects importants de votre vie, car il reste plus stratégique d'employer son énergie à développer ses forces. Rapidement vous allez constater qu'en travaillant sur vos forces, vos faiblesses deviendront moins visibles, les forces prenant plus de place. C'est en mettant toute votre énergie à développer vos forces, et non vos faiblesses, que vous deviendrez une personne inspirante que les autres voudront suivre.

LES VERTUS DE LA RÉPÉTITION

Pour stimuler ce que vous avez envie de développer, vous organiser et atteindre des objectifs sans disposer de beaucoup de temps, il faut utiliser le pouvoir de la répétition. Dans le travail mais aussi dans la vie, rien de mieux que les routines, couplées à des « actions du bonheur » (apprendre, enseigner, aimer, vivre). Car même si le monde parfait fixe n'existe pas et qu'il n'est qu'un concept de l'esprit, ces actions stimulent le changement positif, nous font évoluer et nous aident à devenir une meilleure personne. Tant que votre vie inclura des actions du bonheur, vous verrez qu'elle sera plus équilibrée et vous atteindrez beaucoup d'objectifs. De cette routine de tous les jours, bien équilibrée, naîtront des réalisations. Pour ceux qui n'aiment pas faire des plans, utiliser le pouvoir de la répétition sera d'ailleurs un bon moyen de s'organiser efficacement. Je vous explique quelles routines mettre en œuvre et comment y intégrer des actions de bonheur.

Étape 1 : Observer son cycle naturel

Apprenez à vous connaître en observant vos tendances naturelles : Êtes-vous du matin ou du soir ? Êtes-vous plutôt actif ou calme ?

Notez vos heures de coucher et de réveil, les moments où vous avez beaucoup d'énergie, quand vous perdez du temps, les périodes d'attente, etc. À noter que maintenant que l'on télétravaille de plus en plus, il est parfois plus facile d'adapter ses horaires à son cycle naturel.

Étape 2 : Inclure des actions du bonheur

Apprendre

Dressez une liste de ce que vous aimeriez apprendre : une nouvelle langue, un nouvel instrument, le chant, un nouveau domaine de compétence, un nouveau logiciel informatique...

Enseigner

Avez-vous aussi remarqué la sensation de bien-être que vous pouvez ressentir après avoir pris le temps d'enseigner quelque chose à quelqu'un ? Ou lorsque l'on aide une personne. Essayez de vous rappeler la dernière fois où vous avez pris le temps d'enseigner ou d'aider. Que pouvez-vous enseigner aux autres ? Cela peut passer par le mentorat, le coaching, le bénévolat, l'écriture d'un blog ou d'un livre...

Aimer

Dans votre journée, avez-vous du temps ou prenez-vous le temps de vous aimer et d'aimer ? Voici quelques actions que vous pouvez mettre en place : écouter vos collègues et les aider dans leurs défis, prendre le temps de réfléchir, écrire vos pensées dans un carnet, méditer, faire des choses que vous aimez avec les personnes que vous aimez, faire une pause de gratitude, du yoga ou de l'exercice...

Vivre

Avez-vous des passions ? Quelles sont les actions où vous vous sentez vivant ? Cela peut être manger, marcher, courir, danser, faire du shopping, voyager...

Avez-vous aussi des projets ? Y compris personnels, comme faire des travaux chez soi, prévoir les prochaines vacances, lancer des défis, marcher 30 km ou vous rendre chez un ami à vélo...

Étape 3 : Créer sa routine

À partir de cela, il faut créer sa routine. En quoi cela consiste ? En une *checklist* d'éléments à faire régulièrement et à un moment opportun, sans toutefois s'y obliger.

Il suffit de 5 minutes par jour ! Sur le long terme, cela fait vraiment une différence. Faites le compte : 5 minutes par jour tous les jours, c'est 30 heures à la fin de l'année ! Faire régulièrement quelque chose vous permettra d'atteindre vos objectifs.

À noter qu'il faut éviter de mettre trop d'éléments dans sa liste, sinon vous n'aurez pas le temps pour les surprises de la vie, essentielles à un bon équilibre.

UNE ROUTINE RÉUSSIE

- Au lever, effectuez quelques exercices et des étirements pendant 5 à 10 minutes.
- Si vous prenez les transports, profitez-en pour lire un livre. Si vous pouvez choisir votre mode de transport et que c'est accessible, essayez d'aller au travail à vélo ou bien en jogging.
- Après le déjeuner, allez marcher avec des collègues ; ou si votre bureau vous le permet, faites une sieste ou une méditation.
- En milieu d'après-midi, prenez une pause : méditation, écriture de vos pensées sur votre carnet, mini-session de 7 minutes de gym (j'adore le faire avec des collègues, cela me permet de développer des relations).
- Pendant votre trajet de retour, apprenez une nouvelle langue grâce à une application sur votre téléphone.

- De retour à la maison, jouez 5 à 10 minutes d'un instrument.
- Au dîner, prenez le temps d'écouter votre entourage et de parler des choses qui intéressent vos proches.
- Le soir, faites une action qui fera avancer vos projets (organiser les activités du week-end, par exemple). Séparez pour cela vos projets en petites parties pour vous laisser l'énergie et le temps nécessaire.

Étape 4 : Avoir de la discipline

Il va de soi que si l'on veut qu'une routine fonctionne, il faut avoir de la discipline. Sans pour autant être obsessionnel, il faut la prendre au sérieux. Il existe des applications qui vous aident à faire le suivi de vos tâches et routines. Si vous êtes de ceux qui aiment les jeux et l'encouragement avec des points, allez voir l'application Habitica par exemple, cela pourra vous motiver pour atteindre vos objectifs.

À noter qu'il est possible de faire le même exercice avec son équipe. Autrement dit, de créer une routine d'équipe, peut-être sur des périodes plus longues. Par exemple, faire une session de formation tous les mois pour apprendre en équipe, ou encore réserver des moments dans son emploi du temps pour mettre en place ses procédures. Dans mon entreprise actuelle, on a décidé d'appeler cela des « Dockathon », c'est-à-dire des marathons de documentation, au cours desquels on fixe une période pour avancer en équipe sur notre documentation. On peut aussi créer des moments sans réunions pour laisser des pauses à l'équipe. Ménager ces routines d'équipe aide à avancer sur les dossiers importants non-urgents.

Maintenant que votre routine est en place, vous pouvez faire un bilan pour vérifier que vous allez véritablement à la bonne vitesse.

CRÉER UNE VUE D'ENSEMBLE

Donnons un peu plus d'amplitude et considérons nos projets et objectifs dans le travail, mais aussi dans la vie personnelle. Car pour fixer la bonne vitesse dans son travail, il faut regarder l'ensemble, l'équilibre vient de l'ensemble des éléments de sa vie. Vous pourriez beaucoup trop travailler et négliger votre santé ou votre famille, par exemple. Honnêtement, je connais trop de collègues qui ont fait passer leur travail avant tout sans s'en rendre compte. Face à ce qui est important pour nous, si l'on est réactif et non proactif, le besoin du travail peut facilement nous envahir.

Pour éviter cela, se poser les bonnes questions et aller à la bonne vitesse, il faut faire des bilans et avoir une vue d'ensemble de sa vie. Faire une telle analyse régulièrement aide à garder le lien avec ce qui est vraiment important pour vous, à savoir s'il vous faut ralentir pour identifier ce qui est essentiel, ou accélérer.

Je vous explique comment créer une vue d'ensemble pour mesurer l'impact de vos projets sur vos objectifs, la charge/la quantité d'énergie nécessaire pour les atteindre, le tout en fonction du temps, bien entendu !

Étape 1 : Lister ses objectifs

Indiquez vos besoins en fonction de grands thèmes tels que : la santé, le conjoint, la famille, les amis, l'environnement physique, la carrière, les finances, la vie spirituelle…

Étape 2 : Lister ses projets et activités

Dressez la liste de vos projets et activités, incluant vos compétences à développer.

Les projets sont les éléments de votre vie qui ont un échéancier, une date de fin. Par exemple, des travaux chez vous, la mise en place d'un nouveau processus au travail, l'organisation de vos prochaines vacances…

Les activités sont les éléments que vous faites dans votre routine, mais qui n'ont pas de date de fin précise. Par exemple, vos cours de sport, de musique, les soirées jeux avec vos amis, le ski, le camping, les séances de yoga, de méditation… Certaines de ces activités pourraient être considérées comme des projets, ce n'est pas grave. Le but est d'avoir une liste des éléments importants dans votre vie.

Et donc, n'oubliez pas les compétences que vous souhaitez développer, comme apprendre une nouvelle langue, une nouvelle méthode de travail, ou encore participer à des séminaires de relaxation.

Étape 3 : Associer les projets et activités aux objectifs

En associant vos projets et activités avec vos objectifs, vous créez votre première vue d'ensemble. Théoriquement, vos projets et activités devraient contribuer à l'un de vos objectifs. Sinon, cela signifie soit que vous avez des projets ou activités en trop, ou qu'il vous manque des objectifs.

Le tableau ci-dessous permet de voir rapidement s'il manque des éléments importants dans votre vie pour qu'elle soit bien équilibrée. Par exemple, pour ma part, je pourrais organiser un prochain voyage avec mes neveux, ou décider d'aider mes parents dans l'un de leur projet social. Complétez ce tableau, vous pouvez d'ores et déjà voir si vous manquez d'équilibre pour lancer, le cas échéant, une action.

		Objectifs		
		Vivre heureuse et en bonne santé, physique et mentale, jusqu'à 125 ans	Contribuer à la société et laisser une trace positive	Enrichir ma vie de belles relations afin de partager mes passions et apprendre
Activités/ Projets	Faire du sport			
	Écrire un livre			
	Apprendre à danser			
	Travail – Gestion			

Je sens que je vais à la bonne vitesse, j'en fais assez.

Je sens que j'en fais trop ou peut-être pas assez, je dois ajuster ma vitesse.

Je ne fais rien du tout, ou j'exagère, je dois agir immédiatement.

Ne pas mettre de couleur si l'activité ne contribue pas à l'objectif.

Étape 4 : Inscrire votre vue d'ensemble dans le temps

Maintenant, vous allez y inclure la dimension du temps dans votre analyse pour développer une vue d'ensemble plus globale. Prenez chacune des activités et chacun des projets et évaluez-les selon :

- l'effort et l'énergie déployés (le projet est-il en retard ? L'activité a-t-elle un bon rythme ?) ;
- l'impact des activités ou des projets sur les objectifs.

Coloriez les croix en :

- vert si l'effort, l'énergie, l'impact, le temps passés vous semblent corrects ;
- jaune si vous êtes un peu en décalage avec vos souhaits ;
- rouge si cela ne répond pas à vos attentes.

Ne coloriez pas si l'activité/le projet ne contribue pas à l'objectif. Vous pourrez ainsi identifier les activités et projets qui réclament plus d'attention.

Étape 5 : Évaluer la situation

Maintenant que vous avez une vue d'ensemble complète devant vous, prenez le temps de l'observer et de vous poser quelques questions : est-ce qu'il vous manque des activités et des projets pour atteindre vos objectifs ? Devriez-vous éviter ou déléguer les projets et activités qui ne vous apprennent rien ou n'apportent rien à vos objectifs ? Si, pour un même objectif, vous avez des projets ou activités redondants, devriez-vous les remplacer par des activités qui ont plus d'impact ?

Est-il possible de recadrer légèrement un projet afin qu'il comble plusieurs objectifs ?

Quelle que soit l'évaluation de la situation, n'oubliez pas qu'il est recommandé de clore correctement chacun des projets et activités.

Étape 6 : Passer à l'action

Avoir une vue d'ensemble est une très bonne étape, mais il faut ensuite passer à l'action. Pour ce faire, voici quelques conseils :

- Recopiez les éléments fixes et ponctuels dans votre agenda, comme les dates de fin de projet au bureau, les rendez-vous chez le médecin ou les étapes importantes de l'année (préparer la rentrée, Noël, etc.) ;
- Essayez de combiner, par exemple faire du sport avec vos amis et votre famille (deux objectifs, une même tâche) ;
- Déléguez, en commençant par les tâches que vous n'avez pas réussi à combiner ;
- Éliminez les projets que vous n'avez jamais le temps de faire, les tâches qui n'ajoutent rien à vos besoins, attentes et objectifs. Si vous n'avez rien fait pendant des semaines, c'est peut-être que ce n'est pas si important (pensez au pouvoir de la procrastination) ;
- Réduisez vos attentes : acceptez qu'il soit plus important qu'une chose soit faite plutôt que parfaite ;
- Achevez les projets qui ont moins d'impact ;
- Démarrez de nouveaux projets si certains objectifs sont orphelins ;

- Dites non aux nouvelles activités qui surviennent sans contribuer à équilibrer les autres ou à répondre à vos objectifs ;
- Refaites votre bilan régulièrement.

Vous pouvez aussi appliquer cette vue d'ensemble à votre équipe. Dans ce cas, les éléments importants sont plutôt ceux de votre écosystème présentés plus haut (culture et communication, bien-être et sécurité, qualité, etc.), vos objectifs d'équipe et les activités et actions en cours. Vous pouvez remplir le tableau et analyser l'équilibre. Si vous voyez que des objectifs importants non-urgents ne sont pas suffisamment couverts, pensez à la manière dont votre routine pourrait aider à les faire avancer. S'il y a trop de projets concernant un dossier, vous devrez dire non et couper. Le but est d'aller à la bonne vitesse pour vous et votre équipe.

Grâce à votre vue d'ensemble, vous êtes proactif. Vous allez aux devants du temps pour stimuler un futur de plus en plus riche, aligné avec vos aspirations. Et c'est en aidant votre équipe à visualiser un futur commun que vous deviendrez un leader inspirant.

LEADER

Nous arrivons au cœur de notre objectif : comment, de manager, devenir leader. C'est-à-dire comment manager en utilisant pleinement le pouvoir du temps.

Le but du leader est de s'assurer continuellement que les membres de son équipe sont sur la même longueur d'onde. Il tranche dans les options pour diminuer la complexité et augmenter l'efficacité. Pour réussir à synchroniser son équipe, le manager leader créera différents types d'objectifs en fonction du temps, élaborera des plans pour arriver de façon synchronisée à un résultat, créera des budgets et stimulera l'amélioration continue. Ces outils lui seront utiles pour préparer ses équipes à la suite et réduire autant que possible l'incertitude, grand défi du futur.

> *« Le futur a des points communs avec le passé : il n'est pas nécessaire de tout réinventer. »*

DÉCOMPOSER LE TEMPS

En premier lieu, il faut que le manager soit conscient d'une chose : il y a plusieurs points de vue temporels. Il faut savoir comment se positionner, déterminer le point de vue temporel le plus utile en fonction des besoins pour en changer le cas échéant. Il faut prendre du recul pour considérer les situations en fonction des différentes dimensions du temps. J'en ai identifié trois, correspondant à trois points de vue.

LES 3 POINTS DE VUE DU TEMPS

Le point de vue d'unicité

Vous voyez l'œil ? Imaginons que ce soit le vôtre lorsque vous regardez l'aboutissement d'un projet, la flèche représentant ce qui s'est passé et la boule l'objectif. Vous voyez ici le bout de la flèche, la somme des événements, une fois arrivé à l'objectif. C'est un point de vue parfait pour faire un bilan.

Le point de vue du processus

Point de vue différent selon l'axe
Exemple : la trame du film

Maintenant votre œil est placé au niveau du processus, comme si vous pouviez voir le film qui s'est déroulé et ses différentes étapes. C'est là que l'on retrouve les systèmes, les processus et les méthodes que nous avons vus. C'est un point de vue parfait pour planifier les prochaines étapes en direction de l'objectif et se synchroniser avec les autres.

Le point de vue ponctuel

Plusieurs angles de vue possibles. Certains ressemblent au point de vue Unicité et d'autres au Processus.

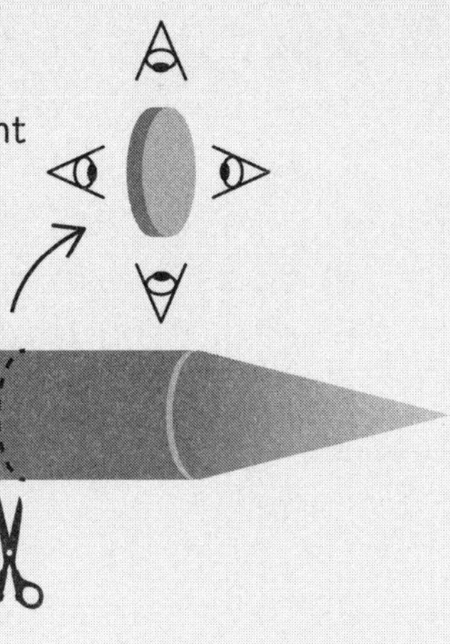

Dans ce troisième point de vue, vous avez accès à une petite partie du processus que vous avez isolée. C'est la représentation de ce que l'on pourrait voir comme le moment présent et c'est ici que l'on retrouve les outils journaliers que nous avons vus. En tant que voyageur du temps, vous savez maintenant qu'il n'est qu'un des points de vue.

Pour chacun des points de vue, nous devrons développer et utiliser des outils d'organisation différents, pour soi-même et pour son équipe. Par exemple, vous avez eu une mauvaise journée au travail, avec notamment des réunions difficiles. En ce moment rien ne va, vous vous dites même que vous n'aimez plus votre travail. Bien entendu, selon ce point de vue ponctuel, votre sentiment est négatif. Mais si vous changez de point de vue et passez à celui du processus, en regardant la semaine, le mois, l'année qui vient de s'écouler, ce sentiment est toujours présent ? Si oui, basculez alors sur le point de vue d'unicité. Qu'en est-il de votre bilan ? Votre métier a-t-il changé ? Est-il aligné avec la personne que vous êtes devenue aujourd'hui ?

Changer de point de vue va donc vous permettre de relativiser et de savoir si vous devez attendre un peu pour confirmer une tendance ou s'il est déjà temps de lancer une action vers un changement. Les points de vue vont vous aider à définir les résultats que vous souhaitez atteindre.

Autre exemple : au travail, un employé vient vous faire part d'un sujet contrariant, une difficulté, concernant l'interaction avec un autre département. Si vous regardez la situation de façon ponctuelle, vous pouvez jouer de votre autorité et aller voir l'autre manager, vous plaindre et lancer une action ponctuelle contre l'agent « irritant » concerné. Si vous prenez un peu de recul et observez du point de vue du processus, vous pourriez vous rendre compte que vos collaborateurs vous ont déjà fait part de ce genre de difficultés : le département en question ne partage pas les informations au bon moment et votre équipe se retrouve régulièrement aux prises avec des décisions inconfortables, à devoir régulièrement mettre en place des actions à la dernière minute. Par conséquent, si vous lancez votre action à partir de votre point de vue ponctuel, cela n'aura pas le même impact sur le long terme que si vous vous positionnez du point de vue du processus. Le problème étant récurrent, il relève du processus. Par conséquent, il faut mettre en place une action sur le processus, et non une action ponctuelle.

Voyons maintenant comment ces points de vue vous vont aider à préparer votre équipe pour le futur. Commençons par le premier point de vue, celui de l'unicité, pour apprendre à écrire vos objectifs plus ou moins loin dans le temps.

DÉFINIR LES OBJECTIFS, LA MÉTHODE SMART

Connaissez-vous la méthode SMART ? La première fois que cette méthode a été évoquée, c'était en 1981 dans la *Management Review* de George T. Doran.

C'est une méthode « intelligente », comme son nom l'indique, qui traduit en mots ce qui est attendu de tous dans la définition d'objectifs. Pour définir de bons objectifs d'équipe, il faut avoir plusieurs méthodes en fonction des besoins. Ainsi, selon la méthode SMART, un objectif doit être :

Spécifique : En lien direct avec le travail.

Mesurable : Il faut définir un seuil de succès.

Ambitieux : Il doit contenir un défi pour être stimulant.

Réaliste : Il doit être à la limite à l'ambition, sinon l'objectif sera abandonné.

Temporel : Il faut une date limite, ce qui aide à déterminer la vitesse et le niveau d'effort pour l'atteindre.

La méthode SMART est très efficace pour le court terme mais plus limitée pour des objectifs à plus long terme. Je vais donc la faire évoluer pour l'appliquer à notre réflexion sur le temps. Je vous propose ainsi une méthode SMART + pour les objectifs à moyen terme et une méthode S + pour les objectifs à long terme. Vous allez voir qu'il n'y a pas qu'une seule façon de concevoir un objectif !

SMART : le court terme

Les objectifs SMART sont intéressants lorsque l'on a déjà une bonne compréhension de la situation et de nos capacités. Car plus l'objectif que l'on veut atteindre est court terme, plus il est facile de le détailler. Que peut-on considérer comme du court terme ? Le plus court serait par exemple une *to do list*.

Nous allons faire l'exercice SMART ensemble. Identifiez un projet que vous avez à lancer au travail, prenez une feuille et un stylo et écrivez pour chacun des points, S, M, A, R, T, le détail qui correspond.

Par exemple : je veux lancer à grande échelle minimum deux campagnes marketing par mois d'ici une grande conférence dans X mois. Je veux utiliser au moins trois types de ressources marketing (webinaire, vidéo, e-book...). Voici comment je décompose mon objectif SMART :

Spécifique : Campagnes marketing à grande échelle.

Mesurable : Deux campagnes et au moins trois types de ressources par mois.

Ambitieux : L'équipe devra développer de nouvelles compétences afin de se former aux outils marketing jamais utilisés. Elle aura aussi besoin d'améliorer les processus pour augmenter la vitesse de création à trois types de ressources par mois.

Réaliste : Les technologies utilisées ne sont pas hors du commun, et l'équipe a accès à des formations. Ce n'est pas non plus la première fois que l'équipe tente d'innover et d'améliorer les méthodes de travail.

Temporel : D'ici la conférence dans X mois.

Au début, vous aurez peut-être le sentiment d'écrire à l'aveugle pour répondre aux critères. Avec la pratique, vous allez voir que c'est plus facile. Par la suite, il vous arrivera souvent, en cours de chemin, d'oublier ce que vous avez écrit. Il faut donc régulièrement y revenir pour garder en tête les différents points. Vérifier aussi continuellement si l'objectif a toujours du sens et vous aide à avancer.

S'il vous manque des informations et que vous n'arrivez pas à écrire un objectif SMART, c'est probablement que ce n'est pas la bonne approche pour le moment. Cette méthode est là pour vous stimuler à atteindre l'objectif, mais aussi pour vous aider à prendre les bonnes décisions pendant le projet. N'écrivez pas n'importe quoi pour dire que vous avez écrit un objectif SMART.

SMART + : le moyen terme

Un objectif peut être un peu plus flou ou, selon votre niveau de gestion, qu'il ait besoin d'être plus flexible. Soit parce qu'on ne sait pas encore ce qu'il faut mesurer ni comment : par exemple, on ne connaît pas la puissance minimum nécessaire, ni la durée de vie du produit, ni ses caractéristiques physiques, ni comment comparer notre technologie à celle des autres. Soit parce qu'on ne sait pas comment les autres technologies évolueront, car les performances d'aujourd'hui seront bien différentes de celles de demain.

Il est donc possible qu'il soit difficile de déterminer ce qui est nécessaire pour atteindre un objectif, ou bien ce qui constitue une amélioration. Par exemple, pour développer une pile à combustible fiable, si la technologie n'existe pas encore, le paramètre d'évaluation et de mesure n'existe pas non plus. Impossible de rédiger décomposer l'objectif en SMART, donc. Si vous connaissez la prochaine étape de votre objectif à moyen terme et que vous savez comment la mesurer, vous pouvez utiliser la méthode SMART, sinon il faudra définir vos objectifs un peu différemment.

Les objectifs SMART + à moyen terme permettent de stimuler suffisamment les équipes pour être créatives et penser « *out of the box* ». Le but est d'inspirer l'innovation, la disruption, au lieu de stimuler l'amélioration incrémentale, comme un objectif SMART pourrait le faire. Par conséquent, il est essentiel d'avoir des objectifs SMART +, ou des « *stretch goals* » (qui vont au-delà du seuil recherché initialement). Ainsi vous identifierez la prochaine étape de façon un peu plus audacieuse.

Avec SMART +, le niveau de détail devient moins précis, mais reste tout aussi stimulant et aide à guider l'équipe. Voici comment l'objectif se décompose :

Spécifique : Plus abstrait que lorsque l'on sait comment faire.

Mesurable : Mesurer le processus et l'évolution des paramètres qui nous importent, plutôt que créer un seuil d'atteinte de l'objectif.

Ambitieux : Poussez l'ambition puisque le calendrier sera un peu plus flou.

Réaliste : Qu'il soit pris au sérieux.

Temporel : Définissez un rythme où vous allez observer la progression de vos mesures et où elles évolueront, par exemple au bout de trois ou six mois. La cadence d'observation et d'apprentissage est importante et vous permettra par la suite de créer des objectifs à court terme SMART.

Imaginons que vous êtes responsable d'un département d'innovation. Pas facile de savoir, avant que les idées n'arrivent, ce que vous allez faire pour innover. Bien souvent les problèmes et les solutions ne sont pas bien compris au départ – ni même connus. Même chose si vous êtes un entrepreneur et que vous voulez vous lancer en affaires : difficile de choisir votre produit si vous ne connaissez pas encore bien votre marché.

Pensez alors à ce que vous souhaitez stimuler. Lorsqu'au départ les méthodes de mesure et la façon d'atteindre un objectif ne sont pas connues, nos objectifs devraient être de stimuler les bonnes pratiques et les processus de collaboration. Développer un bon processus devrait donc devenir votre objectif. Par exemple :

Spécifique : Créer une pile à combustible fiable pour des appareils électroniques.

Mesurable : Développer continuellement des spécifications essentielles et des tests pour s'assurer d'une qualité maximale pour les clients.

Ambitieux : Être meilleur que la concurrence, comme les batteries au lithium.

Réaliste : Être au moins comparable aux performances de la concurrence.

Temporel : Évaluer le produit tous les trois mois par rapport à la technologie concurrente afin de réajuster.

Puis, lorsque les choses commencent à s'éclaircir, vous pouvez combiner des objectifs SMART + avec des objectifs SMART à court terme. Vous obtiendrez des résultats concrets.

S + : le long terme

Plus un objectif est loin dans le temps, plus il y a de chance d'être à la fois réaliste et ambitieux – même si on ne sait pas encore comment l'atteindre. Il y a aussi des chances que la définition de la date limite soit superflue et que les mesures soient inconnues et à découvrir. Ne gardez alors que le S de SMART, qui ne signifiera alors plus « spécifique » mais « stimulant ».

Par exemple, SpaceX a été fondée en 2002 par Elon Musk dans le but de réduire les coûts du transport spatial et permettre la colonisation de Mars. Cet objectif est clair et en même temps flou. Il n'est pas si spécifique, et pas loin d'être farfelu. Il n'est pas temporellement défini, ce qui laisse place à beaucoup d'imagination, et devient donc réaliste et inspirant pour certains. Il n'est pas encore mesurable, par exemple on ne dit rien sur le coût acceptable du transport spatial. D'ailleurs, comment est-il possible de bien le déterminer ? Dans vingt ans, qui sait ce que sera le transport spatial et combien la population sera prête à payer pour l'utiliser ? Peut-on considérer que c'est un succès si l'on a cinq clients par an ?

Les objectifs à long terme ont beau être flous, ils aident donc pourtant à prendre des décisions. Il ne faut pas se forcer à les rendre SMART, mais simplement faire en sorte qu'ils stimulent.

Voyons maintenant une autre composante importante des objectifs : l'écart-temps.

L'ÉCART-TEMPS

Sans s'en rendre compte, notre esprit se limite dans le temps, nous allons donc jouer avec l'échelle du temps. Lorsque vous écrivez des objectifs, regardez si changer l'échelle du temps vous permettrait de penser autrement et d'approcher la question de façon beaucoup plus innovante et complète. Imaginons par exemple les objectifs « vivre vieux et en bonne santé », versus « planifier de vivre 125 ans sachant que nous pouvons mourir demain ». Quelle est la différence entre les deux objectifs ? Que stimule le deuxième ?

Il provoque, c'est certain. Votre première réaction est peut-être pourquoi vivre 125 ans ? C'est trop ! Trop ambitieux. C'est prendre le risque de souffrir et de voir tout le monde partir, ses amis, sa famille, avant soi. Sans oublier qu'on doit commencer à s'ennuyer, voire être malade. Toutes ces réactions sont dues au fait que nous savons qu'il est possible, mais peu probable, de vivre jusqu'à 125 ans ; nous savons que l'âge maximum réel possible est autour de 120-125 ans, mais qu'en réalité l'âge moyen d'espérance de vie se situe aujourd'hui autour de 82 ans ; enfin, nous imaginons bien que nous serons bien mal en point avant 125 ans.

Réfléchir ainsi, c'est utiliser notre connaissance du présent pour évaluer une situation future, mais sans la faire évoluer. Nous sommes pris par la réalité actuelle. Et si nous nous en libérons, que se passerait-il ? Nous oublions que lorsque nous aurons 125 ans ce sera dans des dizaines d'années, 80 ans pour moi. D'ici là, la vie sera bien différente et, surtout, notre compréhension du monde et les technologies seront bien différentes. Nous avons tous une tendance naturelle à regarder les systèmes comme des points de vue fixes, selon la réalité actuelle. Et ce même si nous savons tous que le monde a changé entre 1950 et aujourd'hui. Pourquoi ne continuerait-il pas de changer dans les soixante prochaines années ?

Or s'arrêter à la réalité d'aujourd'hui, ce n'est pas innover. Il faut accepter que le temps laisse la place aux changements.

L'innovation

Étant donné qu'il existe un écart entre le monde actuel et la réalité du futur, comment pouvons-nous faire évoluer les choses en direction de notre objectif ? Eh bien, il faut :

- visualiser l'état final ;
- identifier les éléments manquants ;
- faire un plan pour tenter de réduire l'écart entre les deux. Plus l'objectif est ambitieux et plus le besoin d'innover sera grand.

Il est en effet possible de sculpter notre futur en créant un objectif qui inclut un écart dans le temps pour permettre d'innover.

L'écart temporel entre la réalité d'aujourd'hui et celle vers laquelle nous tendons est essentiel. Si nous ne faisons rien pour changer l'état naturel des choses, les chances de vivre en bonne santé jusqu'à 125 ans sont très faibles. En revanche, si nous y travaillons, nous augmentons nos probabilités de réussite. L'espace-temps qui existe entre aujourd'hui et l'objectif doit être utilisé. Si la période est trop courte, il ne sera pas possible d'innover beaucoup. Si la période est assez longue, il sera possible de prendre des risques et d'essayer des choses.

On peut par exemple mettre en place certaines actions pour aider à vivre plus longtemps et en meilleure santé : bien manger, dormir huit heures par nuit, minimiser notre niveau de stress, faire de l'exercice, de la méditation, prendre de la vitamine D3 et K2 tous les jours, faire des bilans de santé régulièrement, être à l'affût des nouvelles connaissances dans le domaine la longévité, voire accompagner les nouvelles découvertes (si vous êtes chercheur, lancer dans un programme de recherches sur le sujet, si vous êtes investisseur, parier sur ce secteur), etc. Les premières actions sont applicables aujourd'hui, et moins innovantes et les dernières davantage en lien avec des percées potentielles. Plus l'objectif sera difficile et plus il sera nécessaire d'innover.

Dans tous les cas, ces actions sont bonnes à intégrer dans nos vies, et ce même si nous n'arrivons pas au but de vivre 125 ans. Car à partir du moment où l'objectif ne vous paralyse pas, y ajouter la dimension du temps n'aura pas d'effet négatif. Au pire, l'objectif à long terme influencera les prises de décisions du moment et affectera notre routine. Au mieux, il nous stimulera à nous lancer dans des projets ambitieux.

La théorie MAYA, ou l'importance du passé

Raymond Loewy, un designer industriel du XXe siècle très influent aux États-Unis, a développé la théorie MAYA, « *Most Advanced Yet Acceptable* » (« Le plus avancé, tout en restant acceptable »). Le principe est simple : nous ne sommes pas capables d'avancer trop rapidement, de faire de trop grands sauts dans l'esprit. Il faut qu'une bonne portion de ce que nous créons soit reconnaissable, identifiable dans le présent, sinon il est difficile de l'apprécier et de l'intégrer.

Ce qui veut dire que notre futur proche est dépendant de notre passé : nous ne pouvons développer quelque chose qu'à partir du passé. Je m'en suis rendu compte dans ma carrière dans l'industrie : si les innovations ne sont pas reconnaissables, il est très difficile de se les approprier et d'avancer. Par exemple, au Moyen Âge, il existait déjà en théorie tous les matériaux pour construire un téléphone intelligent. Théoriquement, il était donc possible pour une personne ou un groupe de personnes de l'inventer. Pourtant le téléphone intelligent n'est apparu qu'il y a quelques années. Pourquoi ? Plusieurs raisons bien sûr, mais je pense que la plus importante est que l'écart entre ce qui existait à l'époque et le concept du téléphone intelligent était trop grand pour que l'esprit puisse le créer. Il nous est difficile d'imaginer des choses situées très loin de la réalité actuelle.

Réduire l'écart-temps

125 ans, c'est encore relativement acceptable avec notre esprit d'aujourd'hui. Mais que se passe-t-il maintenant si nous imaginons vivre jusqu'à 1000 ans ? Le besoin d'innovation sera bien différent : il y a des chances que nous lancions des projets qui seront poursuivis par d'autres.

Ce fut le cas des cathédrales par exemple, ou autres projets d'envergure, qui ont marqué l'histoire. Ils ont pu voir le jour grâce à ceux qui se sont risqués à aller plus loin dans le temps, au-delà même de l'espérance de vie de l'homme moyen de l'époque. Est-ce le cas d'Elon Musk aujourd'hui ? Avez-vous remarqué que plusieurs de ses projets sont sur le long terme ?

EXERCICE

Prenez votre objectif de vente ou de développement de produit de cette année. Considérez la stratégie développée pour atteindre l'objectif, puis changez le calendrier en ajoutant deux ans. Que se passe-t-il ? L'objectif change-t-il ?

Qu'il change ou non, cela modifie-t-il la stratégie et les ressources ? Si oui, quel est alors le calendrier le plus stimulant pour arriver à la meilleure solution ?

Maintenant que nous avons divisé les projets par objectifs, selon le point de vue d'unicité, la prochaine étape est d'aider nos équipes à se synchroniser, selon le point de vue du processus.

ÉTABLIR UN PLAN POUR SE SYNCHRONISER

L'outil de synchronisation et de coordination par excellence est le plan. Il équivaut à regarder la ligne du temps en fonction du point de vue du processus. Il est donc important de savoir faire des plans afin de synchroniser équipes et projets et que tout le monde soit sur la même longueur d'onde. Se synchroniser, c'est aussi faire la bonne chose à la bonne vitesse.

Un bon plan harmonise temps et détails : il identifie les jalons et détaille ce qui est à accomplir. Si vous étiez seul à suivre un projet, votre vitesse n'aurait pas besoin d'être ajustée, le but à atteindre non plus, car vous pourriez en changer en cours de route sans affecter personne. Il est possible de faire un plan lorsque l'on travaille seul, mais ce n'est pas nécessaire. En revanche, en équipe, c'est essentiel. On prend en effet des décisions qui affectent la vitesse et le niveau de détail, ce qui peut engendrer une désynchronisation, voire une perte de vue de l'objectif, une mauvaise expérience de travail en équipe et, sur le long terme, une baisse de confiance en votre leadership.

Définir un plan

Définir un plan en équipe revient à regarder la ligne du temps du point de vue du processus. Cet exercice est essentiel pour aligner l'équipe au long du chemin.

Vous avez sûrement remarqué que l'estimation de la durée d'une étape d'un projet est souvent bien relative.

Pour certains, une étape prendra deux semaines, pour d'autres, un mois. Les estimations varient selon la charge de travail extérieure au projet, la référence à une situation parfaite, à un plan réaliste ou pessimiste, ou encore à une volonté de faire plaisir au supérieur... Comment faire la part des choses ? Simplement en parlant à l'équipe et en trouvant la vitesse qui stimulera positivement la prise de décisions.

Si c'est trop rapide, ce n'est pas crédible, et personne ne travaillera avec un tel plan ; si c'est trop lent, tout se fera à la dernière minute et le projet prendra plus de temps, car les imprévus arrivent tous en même temps, à la fin du processus. Il faut se situer entre les deux, stimuler la vitesse et la communication, mais faire en sorte que ce soit réalisable.

De même sur la rigidité du plan. Si vous faites un plan où tous les détails sont pensés, que se passera-t-il en cas d'imprévu ? Un plan très détaillé ne permettra pas de prendre la moindre décision sans en parler avec le reste de l'équipe. Cela engendrera une forte communication, qui souvent n'est pas très efficace et déresponsabilise les membres d'une équipe. Il arrive parfois qu'il soit nécessaire d'aller jusqu'à un niveau de détail très élevé. Dans ce cas, le travail intense et la répétition pour arriver à une synchronisation parfaite deviennent extrêmement importants. À l'inverse, si vous ne planifiez rien, vous laissez la bonne volonté mener la danse. Pour certains d'entre vous, ça sera la panique. Mais c'est néanmoins possible et il existe même des situations où ce genre de non-organisation, avec un niveau de détail minimum, est préférable. Comme lorsque vous partez en vacances avec des amis, les seuls détails dont vous avez besoin sont :

où, quand et qui réserve l'hôtel, le reste s'organisera selon l'inspiration du moment... Mais bien souvent, pour que l'organisation avec un minimum de détails fonctionne bien, il faut un historique ensemble ou une expertise partagée.

Par conséquent, une équipe qui mène un premier projet ensemble, dans un nouveau domaine, demandera plus de planification et de communication en cours de route qu'une équipe qui a déjà travaillé ensemble et qui a de l'expertise dans le domaine. Il est donc important d'être réaliste dans l'analyse de votre historique et de votre expertise. Le succès et le plaisir à travailler ensemble en dépendent. Rien de pire pour un expert que de se faire dire comment faire et rien de pire pour un débutant de se sentir seul...

Construire son plan

Comment faire pour fixer les échéances et la vitesse à laquelle atteindre les objectifs ? Il faut utiliser la ligne du temps : les acquis du passé et notre capacité à se projeter dans le futur.

Vous effectuerez ce travail en équipe, car vous ne pouvez pas savoir à quelle vitesse et à quel niveau de détail vous devrez développer votre plan sans parler à votre équipe. L'objectif est d'être sur la même longueur d'onde.

À la fin du projet, vous ferez une rétrospection en groupe. C'est très instructif pour la suite et cela vous permet d'atteindre le niveau d'experts tous ensemble.

Plus on le fait et moins le plan des projets futurs devra être détaillé.

Il est important de refaire l'exercice de visualisation régulièrement, soit selon un cycle fixe, soit à la fin d'une période ou d'un projet. À force d'observer votre flèche du temps, vous verrez qu'il y a beaucoup d'éléments qui se répètent d'une équipe et d'une entreprise à l'autre. D'ailleurs, cette flèche du temps devient en quelque sorte une représentation de votre expertise en gestion d'équipe.

Faire le bilan du passé

Utiliser la force de votre expérience et du passé, ils vous aident à vous organiser et à visualiser le futur.

Apprendre du passé, c'est prendre le temps de noter les tendances, les routines de votre entreprise et de vos projets. À commencer par :

- Faire ressortir le modèle annuel de son entreprise : identifiez les périodes d'évaluation de la performance, de budgets, de réunions importantes et récurrentes (voir plus bas comment monter son calendrier), de vacances...
- Noter les étapes et le temps moyen associé pour les projets importants. À la fin du projet, créez une *timeline* en faisant ressortir les processus, en fonction des responsabilités. Qu'avez-vous appris ? Avec le temps et les années, vous verrez qu'il y a des tendances qui ressortent en fonction de votre profession.
- Noter les actions périodiques : annuelles, mensuelles, hebdomadaires et quotidiennes.

Dans certaines entreprises, faire une rétrospective peut être perçu comme une perte de temps. Pourquoi perdre son temps à parler du passé quand on peut commencer un autre projet et penser au futur ? Ne vous laissez pas influencer par ce biais culturel qui met plus l'emphase sur le futur que sur le passé et le présent. S'il n'est pas possible de faire la rétrospective en groupe, faites tout de même votre rétrospective seul. Grâce à cela, vous allez développer votre expertise en gestion de projet.

Tous les projets et toutes les équipes sont différents. Sachez donc qu'il sera impossible de faire ressortir des tendances si le niveau de détail est trop élevé. Pour faire ressortir les tendances, voici quelques conseils :

- Commencez votre rétrospective en regardant ce qui a été fait par l'équipe. Ne vous inquiétez pas des détails pour le moment, faites ressortir toutes les tâches qui ont été réalisées.
- Faites ressortir le plan initial et vérifiez s'il manque des étapes.
- Inscrivez le temps associé et le nombre de personnes pour chaque étape.
- Regroupez les tâches par thèmes (par exemple : « organisation de x », « préparation de y », « mise en place de z », analyse de risques, etc.).
- Associez le temps et le nombre de personnes pour chaque thème.
- Dessinez une flèche du temps, inscrivez-y les thèmes, le temps associé et le nombre de personnes.

Ensuite, à partir de ces données, vous pouvez créer des diagrammes circulaires, des histogrammes, des cartes de contrôle pour mieux faire ressortir les tendances.

Trouvez la bonne représentation. Par exemple, une carte de contrôle pour visualiser la moyenne de vos ventes par trimestre en utilisant les résultats et moyenne des tendances des années antérieures.

À noter qu'avec les années, les projets que vous allez gérer seront plus imposants, cette habitude d'apprendre du passé, du point de vue du processus, vous sera donc utile. À chaque niveau d'envergure, un apprentissage associé est nécessaire, à un niveau de détail différent. Et en cours de route, l'apprentissage des processus sera toujours très utile, car plus les responsabilités grandissent, plus les projets que vous allez gérer incluront d'autres projets.

Prévoir le futur grâce aux données

On va d'abord regarder le passé, c'est ce que l'on appelle faire du « *forecasting* », des prévisions. C'est-à-dire que la prévision de l'avenir se fait grâce à la collecte et à l'analyse de données passées et actuelles, nous le verrons un peu plus bas.

Ensuite, demandez aux membres votre équipe d'estimer, pour chacun des projets, leurs besoins (en ressources, en budget, en temps, etc.). Encouragez-les à partager leur vision future. Cela donnera à tous une meilleure visibilité. Faites enfin une synthèse, une moyenne, le temps moyen par étapes. Puis partagez les résultats avec votre équipe.

Gardez aussi à l'esprit qu'avec l'avènement de l'intelligence artificielle, vous ne perdez pas votre temps à collecter toutes ces informations, car plus vous avez de données, plus vous pourrez les utiliser pour créer une intelligence artificielle dans le futur.

Transformer les données en probabilités

Projetez-vous dans un an, vous avez mis en place les projets d'amélioration, vous avez terminé les gros projets en cours. Quelle pourrait être la suite ? Essayez d'imaginer les scénarios possibles : celui où tout va bien et où vous avez terminé à temps ; celui où tout va mal, où vous n'avez plus de financement, où le projet a pris du retard...

Le futur pessimiste : Identifiez l'élément le plus stratégique à mettre en place pour éviter la catastrophe (réduire les risques de retard, de défaut de qualité, etc.).

Le futur optimiste : Pensez au succès. Vous avez tout réussi, quelle serait la suite ? Les prochaines étapes ? Assurez-vous de développer des compétences dès aujourd'hui pour continuer.

Un mélange des deux : Qu'est-ce qui est commun aux deux cas ?

Vous allez remarquer que bien souvent le futur optimiste et le futur pessimiste pourraient bénéficier des mêmes actions. Qu'il leur faut à tous les deux de l'amélioration continue, du développement de talents et des compétences. Par exemple, être efficace avec des tâches répétitives nous permet d'aller plus rapidement et d'en faire plus avec les mêmes ressources, donc de réduire les risques d'échec.

Et ne perdez pas trop de temps avec les futurs négatifs potentiels. Combinez plutôt les éléments forts possibles, car passer trop de temps avec des idées négatives peut avoir des aspects néfastes sur votre moral.

Les aléas du plan

En réalité, les plans ne sont jamais 100 % respectés et plus on avance dans la gestion de gros projets, plus on sait qu'il y a des incertitudes. Un plan est donc un outil d'orchestration et non un absolu, il faut être ouvert à un peu d'improvisation. N'ajoutez pas trop d'actions planifiées à l'avance, laissez de la place aux surprises, aux pauses.

Si vous démarrez un projet avec peu d'informations et un niveau d'incertitude élevé, spécifiez-le aux membres de votre équipe pour qu'ils comprennent la situation et qu'il est probable que le futur anticipé ne se réalise pas. Cela les aidera à bien gérer les attentes.

En gestion de projet, il existe trois grands axes : la description de la portée du projet, la détermination de ses échéances et l'évaluation de ses coûts. En management c'est la même chose : la portée du projet sont les objectifs de vos équipes, les échéances sont le plan, et l'évaluation des coûts est le budget. C'est ce dernier point que nous allons voir maintenant.

ÉTABLIR SON BUDGET

Le budget vous permet de vous poser de bonnes questions et de rallier les équipes. Il y a beaucoup de raisons de faire un budget, mais l'intérêt principal est de visualiser le futur financier de l'ensemble de vos projets et objectifs. Je vous le concède, le budget de votre équipe dépendra beaucoup de l'ensemble des revenus et des dépenses de l'entreprise. Il est d'ailleurs impensable de faire un budget « en silo », un budget doit se faire en collaboration avec les autres départements de votre entreprise. Ce qui vous encourage à communiquer.

Un budget présente l'ensemble des ressources et des dépenses. Il vous permet également de mieux gérer l'ensemble des ressources disponibles pour votre département, et donc d'éviter d'en manquer. Rappelez-vous qu'il fait partie d'un budget global, gardez donc une vue d'ensemble des ressources et des dépenses de toute l'entreprise. À moins que vous ne soyez DAF ou responsable d'un département de ventes, votre budget contiendra plus de postes de dépenses que de revenus. Par conséquent, le budget de votre département consiste majoritairement à faire une estimation, ou autrement dit une prévision des coûts générés par votre département pour atteindre ses objectifs. Vous remarquerez d'ailleurs que sans objectifs, il est beaucoup plus difficile de faire un budget.

Plus un département et une entreprise sont anciens, plus les budgets seront précis et organisés. Par conséquent, plus faciles à mettre en place. Dans un monde idéal, vous n'auriez qu'à confirmer la proposition de budget de la direction administrative et financière.

Si vous venez d'entrer en poste, que vous gérez un nouveau département ou que vous avez monté votre entreprise, la création de budgets peut être une tâche plus ardue. Vous pourriez être tenté de procrastiner et vous dire : « Je vais attendre la fin de l'année pour comprendre les besoins et tendances et je ferai un budget l'an prochain. J'aurai une meilleure idée de la situation. » Seulement, allez-vous vraiment vous rappeler ce qui s'est passé pendant l'année ? Un an c'est long, votre mémoire pourrait vous faire défaut et vous pourriez oublier certains détails. Décider de ne pas réfléchir à ce sujet, parce que vous ne savez pas par où commencer, est une opportunité manquée, car c'est la pratique qui va vous amener à mieux vous organiser. C'est en forgeant que l'on devient forgeron !

Enfin, votre budget vous servira à améliorer les prises de décision de votre département, mieux répartir vos ressources vers les projets adéquats, surveiller le rendement, respecter vos objectifs, identifier les problèmes de trésorerie avant qu'ils ne surviennent, planifier l'avenir, ou encore avoir une meilleure vue d'ensemble.

Bien construire un budget

Pour bien construire votre budget, voici ce qu'il vous faudra faire.

Comprendre les besoins

Pour comprendre les besoins de votre département, faites ressortir les éléments de votre structure : les responsabilités et fonctions de votre département, les objectifs annuels et les processus et systèmes dont votre département est responsable. Pour chaque élément, réfléchissez aux dépenses associées.

Définir la liste des coûts par besoin

Pour vous aider à définir la liste des coûts par besoin, pensez aux :

- **Coûts directs ou variables** nécessaires pour effectuer votre travail, ou créer votre produit ou service (matériaux, composantes, sous-traitants fabriquant le produit ou fournissant le service, etc.).
- **Coûts fixes ou frais généraux** nécessaires pour effectuer votre travail : Ils ne changent pas en fonction des ventes ou volumes de production (le loyer par exemple).
- **Coûts occasionnels ou facultatifs :** Ils sont souvent associés à des projets ponctuels que vous aimeriez accomplir durant l'année (achat d'une machine, d'un outil, ou d'une méthode pour améliorer votre vitesse).

Vous avez des difficultés à déterminer le montant des coûts ? Imaginez des solutions potentielles et faites des demandes de devis. Utilisez les montants de ces devis pour étayer vos hypothèses. Au cours de l'année, vous pourrez réviser cette première version et fournir une projection plus précise.

Le suivi du budget

Faire un budget sans en faire le suivi, c'est comme faire un agenda ou une *to do list* sans ne jamais les regarder : c'est une perte de temps. Donc une fois les budgets approuvés, assurez-vous de :

- Communiquer les éléments importants du budget à votre équipe ;
- Faire le suivi de l'évolution des dépenses une fois par mois ou par trimestre. Partagez cette information à votre équipe : voir que le département respecte, voire fait mieux que ce qui était prévu au budget, peut être motivant.
- Mesurer la différence entre les coûts estimés et les coûts réels. Si vous constatez que vous n'avez pas dépensé tout ce que vous aviez prévu, peut-être pourriez-vous en profiter pour faire un investissement ? En espérant que la direction adminstriative et financière, ou DAF, n'ait pas besoin de ce surplus pour éponger les dépenses excessives d'un autre département...
- Vérifier que les coûts directs ou variables sont en accord avec le volume des ventes. Si ce n'est pas le cas, cela pourrait indiquer que vos processus ont besoin d'ajustement, que votre département a tendance à gaspiller.

Ancrer son budget

Dans les règles de l'entreprise

Tous les budgets viennent avec leurs règles. Ce n'est pas parce que votre budget est défini que vous pouvez dépenser n'importe quoi. Il est important de partager ces règles avec votre équipe. Il y a les règles générales de l'entreprise, mais vous pouvez aussi définir des règles internes, spécifiques à votre département.

Par exemple, avant de faire un achat, vérifier avec les autres directions de l'entreprise si l'objet de l'achat n'existe pas déjà ailleurs. Après achat, il faut aussi bien informer les autres que l'objet est disponible, afin d'éviter que quelqu'un ne le rachète inutilement. Vous pourriez aussi décider que votre département n'achète que des produits écoresponsables, ou qu'il réutilise le plus possible avant d'acheter des produits neufs.

Dans une dynamique d'équipe

Le budget peut-être une activité rassembleuse pour votre équipe, stimulante. Elle permet à tous de penser au futur et de rêver un peu sur ce qui pourrait être fait.

Comme l'exercice revient chaque année, l'astuce pour en faire un moment agréable est de commencer l'activité avant que la DAF ne vous le demande. Indiquez bien à votre équipe qu'il s'agit d'un exercice, que le budget final dépendra d'autres paramètres, mais que ces idées seront la base du budget pour l'année à venir.

Avec les années, je me suis rendu compte que si je voulais stimuler la proactivité dans mes équipes, je devais les aider à se projeter dans le temps. Cela passe par le budget, mais aussi par le calendrier, qui résume l'ensemble des éléments communs. Visualiser par exemple qu'il ne reste que six semaines avant un rapport au conseil administratif aide l'équipe à lancer des activités stratégiques. C'est ce que nous allons voir maintenant.

CRÉER UN CALENDRIER ANNUEL

Créer un calendrier commun aide à entrevoir la charge pour mieux s'organiser et prévoir les interactions entre les activités. Le calendrier est un autre outil qui aide l'équipe à regarder du point de vue du processus et constitue une base pour bâtir une vision commune. D'ailleurs, quand j'oublie de l'actualiser, mon équipe me le rappelle ! C'est vraiment pratique. C'est à partir de ce calendrier que l'équipe pourra élaborer des plans futurs, comme le lancement des demandes de devis. Voici les étapes qui vous aideront à le créer.

Lister les événements récurrents

Commencez par indiquer les éléments qui reviennent régulièrement chaque année. Passez en revue les points suivants :

- **Congés, vacances et jours fériés.** Si votre entreprise travaille avec l'international, pensez aussi à ajouter les périodes *off* des pays concernés, par exemple le Nouvel An chinois. Indiquez aussi les semaines durant lesquelles vos équipes prennent généralement leurs vacances et les jours habituels de RTT, ainsi que celles où elles seront susceptibles de compenser les congés d'autres équipes de l'entreprise.

- **Plans fonctionnels, objectifs et rapports.** Chaque année, la direction vous demande de définir les objectifs de votre équipe en fonction de ceux poursuivis par l'entreprise. La plupart du temps, cet exercice coïncide avec l'année fiscale. N'oubliez pas d'indiquer dans votre calendrier la date à laquelle il serait important de faire un suivi de ces objectifs. Dressez également la liste de tous les rapports que vous devez produire régulièrement.
- **Budget et évaluation des ressources** (voir plus haut).
- **Liste des événements et projets majeurs** de votre entreprise et de votre équipe (audits, conventions, congrès, conférences, *team buildings*, etc.).
- **Évaluation de la performance** (une par an, ou tous les six mois par exemple).

Synthétiser les informations dans un tableau

La deuxième étape consiste à détailler la liste des activités que vous venez d'établir. Faites ressortir :

- Les dates (début et fin d'activité)
- La personne responsable (dans l'équipe ou en externe)
- Les processus et systèmes, méthodes ou outils (en place ou à développer, ce qui peut aider à identifier des projets majeurs supplémentaires à lancer durant l'année)
- Les tâches typiques et importantes à effectuer selon l'activité identifiée

Ce tableau vous aidera à savoir si vous avez besoin de déléguer, de créer de nouvelles méthodes et procédures, ou bien d'identifier des tâches simples que vous pouvez effectuer à l'avance pour gagner du temps. Vous serez sans doute étonné de constater la quantité d'éléments récurrents dont vous êtes responsable et qui pourtant ne sont pas directement liés aux objectifs de votre département.

Créer son calendrier

Un tableau est-il suffisant ? C'est possible, mais il ne vous permettra pas d'avoir une vision d'ensemble de la charge annuelle du travail de l'équipe. Le calendrier ajoute une dimension visuelle très utile et permet de prendre des décisions rapidement, par exemple refuser une conférence ou une activité pour l'équipe en raison d'un conflit horaire.

Partagez le calendrier avec l'équipe

Dès que votre calendrier est finalisé, partagez-le avec les membres de l'équipe. Certains seront plus intéressés que d'autres, laissez-leur dans tous les cas la liberté de décider ce qu'ils souhaitent en faire. Invitez-les à vous signaler s'il manque des éléments, cela générera assurément plusieurs discussions intéressantes qui favorisent l'esprit de collaboration.

Consulter régulièrement le calendrier

Consultez votre calendrier régulièrement. Partagez-le aussi avec votre chef, cela vous évitera qu'il ajoute des tâches durant une période déjà très chargée ! Vous verrez qu'en sachant à l'avance les activités à venir, il est plus facile de se préparer et de s'organiser.

Maintenant que nous avons des objectifs, des plans, un budget et un calendrier, comment faire pour stimuler continuellement dans le temps l'évolution des objectifs ?

L'AMÉLIORATION CONTINUE : LE DIAGRAMME DE PARETO, OU LE 80/20

Plusieurs aspects du travail doivent être vus comme des systèmes vivants devant s'améliorer continuellement. Des systèmes en mouvement, dynamiques et non fixes. Mais comment identifier pour notre équipe les objectifs de façon continue ?

Connaissez-vous le diagramme de Pareto, aussi appelé théorie du 80/20 ? L'économiste Vilfredo Pareto a démontré que 80 % des richesses étaient distribuées à 20 % de la population. Ce constat est utilisé en production manufacturière pour améliorer de façon constante la qualité des produits fabriqués. Il permet d'identifier des projets d'optimisation, des priorités et des projets à forte valeur ajoutée, ou encore de suivre l'évolution des systèmes en fonction du temps. C'est aussi très utile pour aider à prioriser les fréquences sur lesquelles travailler et limiter notre perfectionnisme.

Savoir repérer l'important

Votre équipe a créé une liste des problèmes récurrents remontés par vos clients ? Parfait, vous dites-vous, travaillons à régler les problèmes qui reviennent le plus. Si vous arrêtez votre analyse ici, c'est que vous n'avez pas encore utilisé le pouvoir du temps... Car les problèmes n'ont pas tous le même poids, la même importance (la même fréquence). S'agit-il de problèmes rencontrés par vos clients les plus importants ? D'ailleurs, avez-vous même identifié vos clients les plus importants ?

C'est là que le diagramme de Pareto intervient. En voici ci-dessous un exemple. En ordonné, j'ai listé les clients de l'entreprise et en abscisse, j'ai indiqué les revenus qu'ils génèrent :

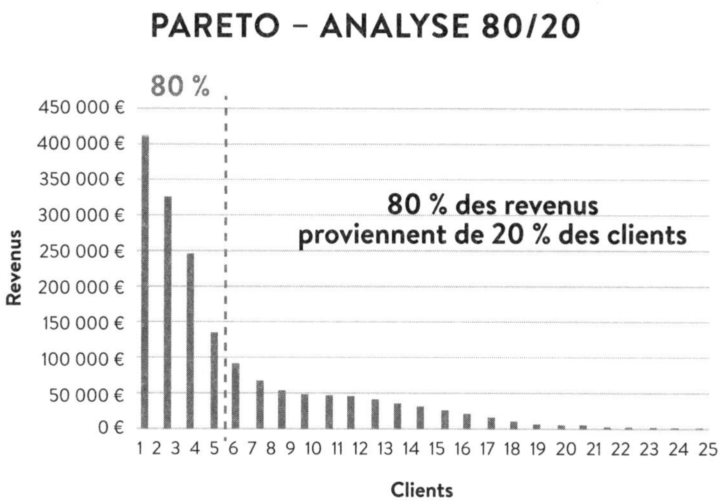

Vous voyez que 80 % de mes revenus sont générés par 20 % de mes clients.

Sachant cela, dressez de nouveau la liste des problèmes selon ces 20 % de clients. Les priorités ont-elles changé ? Vous vous rendez compte qu'il vaut mieux prioriser le règlement des problèmes des clients les plus importants. Il est même ensuite très probable que cela ait un impact sur le reste des clients. Pensez donc à changer votre point de vue si vous voulez prioriser adéquatement ; autrement dit : jouez avec les fréquences.

Téléportons-nous maintenant dans le futur. Vous avez réglé les quelques problèmes de vos clients les plus importants. Dressez de nouveau la liste des problèmes pour regarder l'évolution de la situation : les mêmes reviennent-ils en priorité ? Si oui, votre travail d'amélioration n'est pas terminé. Si non, bravo vous avez changé d'état et réussi à régler les problèmes ! Sans cette observation dans le temps, il est impossible de véritablement statuer. Et on peut continuer à l'infini, jusqu'à décider que l'optimisation est maximale ou acceptable.

Concentrer ses efforts

Vous pouvez aussi appliquer la méthode 80/20 pour déterminer le temps alloué à une tâche. En quelque sorte, utiliser la méthode pour déterminer la vitesse à laquelle vous irez. Par exemple, fournir 20 % d'effort pour atteindre 80 % des résultats. Cela vous permet d'avoir un impact rapide avec un effort minimum.

Maintenant, à partir de quel moment votre 80/20 doit-il changer ? Les 20 % d'effort restent-ils les mêmes ?

Votre niveau de développement sera différent entre le début et la fin de votre apprentissage et la rapidité à laquelle vous allez vous améliorer et augmenter votre niveau d'expertise va changer. Il arrivera un moment où 20 % d'effort ne suffiront plus pour vous améliorer. Vous atteindrez un plateau, et c'est souvent là qu'il faudra décider de la suite et refaire une analyse 80/20. Si notre objectif est de continuer à nous améliorer, l'effort devra très certainement être ajusté.

Maintenant, qu'est-ce qui nous permet de décider que le niveau atteint est suffisant ? Quels 20 % d'effort suis-je prêt à investir pour obtenir 80 % de résultats et sur combien de temps ? La somme des problèmes est-elle maintenant convenable pour vos clients ou devez-vous continuer à améliorer la situation ? Tout dépend de l'objectif que vous désirez atteindre : Recherchez-vous un environnement sans problème aucun pour vos clients ou un certain taux est-il acceptable ? Si votre objectif est le niveau zéro, vous devrez continuellement travailler à trouver des solutions. C'est donc une question de qualité. Attention donc au perfectionnisme et à la peur de commettre des erreurs, cela peut coûter cher...

L'ERREUR COMME MOTEUR DE LA CROISSANCE

Cela peut sembler contre-intuitif mais il faut, en tant que leader, accepter les erreurs. Les considérer comme un élément essentiel à l'évolution dans le temps, un passage obligé pour se développer.

En réalité, comme nous l'avons vu, on ne fait que passer d'un état imparfait à un autre. Par conséquent, on reste toujours imparfait. En ajoutant la dimension du temps, on pense en état de mouvement : on ne se focalise plus sur l'imperfection, mais sur l'évolution. C'est bien plus motivant et positif pour stimuler une évolution dans la bonne direction. Il y a donc beaucoup d'avantages à changer son point de vue sur l'erreur.

Les conséquences d'une politique du « sans erreur »

Sur la culture d'entreprise

Lorsque l'erreur n'est pas une option, vous exigez à votre équipe d'être parfaite du premier coup. Et c'est un bon moyen de pointer du doigt et de ne pas reconnaître ses propres erreurs. Et puis, c'est courir le risque *in fine* que votre équipe ne veuille plus parler des problèmes, de peur que la situation ne se retourne contre elle. Par conséquent, accepter les erreurs augmente vos chances de les voir arriver plus rapidement et de les corriger.

Sur le *turnover*

De plus en plus de personnes pensent qu'il faut changer d'entreprise pour progresser dans sa carrière. Pourquoi ? Car il est rare que l'on permette aux employés de se former ou de prendre un nouveau poste. Souvent il faut même effectuer toutes les tâches d'un poste pour prouver que l'on mérite une promotion. Car beaucoup de managers voudraient que leur équipe soit parfaite avant même de commencer.

Cela peut expliquer en partie un fort *turnover* des employés en entreprise. En effet, au 1er trimestre 2015, le taux de rotation des employés s'établissait à 16,8 %[3] et il a presque quintuplé en trente ans[4].

Si l'on veut stimuler la rétention de nos équipes, un des moyens est donc d'accepter l'apprentissage, les erreurs.

Sur l'innovation

Le comble, c'est même que l'erreur augmente avec le niveau de risque pris pour innover !

Dans une lettre envoyée à ses actionnaires en 2018, Jeff Bezos, fondateur et CEO d'Amazon, explique que les échecs doivent grandir eux aussi (« *Failure needs to scale too* »). « À mesure que l'entreprise grandit, dit-il, tout doit évoluer, y compris la part des expériences ratées. Si la part de vos échecs n'augmente pas, vous n'allez pas inventer de force qui pourra réellement changer la donne. Amazon expérimente beaucoup pour une entreprise de notre taille et nous connaissons parfois des échecs de plusieurs milliards de dollars. »

---

3. « Le taux de rotation de la main-d'œuvre poursuit sa hausse au 1er trimestre 2015 », Dares indicateurs, 2015.

4. « Emplois et salaires », Insee, 2014.

Si vous voulez innover et prendre de l'avance sur vos compétiteurs, vous devez accepter de commettre des erreurs et d'apprendre de vos échecs. Et si vous constatez que votre collaborateur n'apprend pas de ses erreurs, vous pouvez toujours le former ou lui proposer un poste qui lui convienne mieux par exemple.

Dans tous les cas, rappelez-vous que la plupart du temps l'erreur est signe d'apprentissage, de croissance, donc de mouvement. Il n'y a pas de mouvement sans erreurs.

L'erreur au cœur de l'équipe

En tant que leader, vous devez continuellement apprendre et vous développer, que cela soit pour vous-même, ou pour montrer l'exemple. Vous devez donc montrer que l'erreur est humaine et qu'elle est nécessaire au développement. Vous devez laisser votre équipe apprendre par elle-même et accepter leurs étapes d'apprentissage. En déléguant, vous laissez aux autres la possibilité de commettre des erreurs et de les corriger.

Osez évoquer les erreurs en équipe, sans tabou. Prenez au moins le temps de faire des retours, vous verrez que les erreurs ne sont jamais aussi irrémédiables que vous le pensez. Et si vous êtes téméraires, organisez même ce que j'appelle des « *fail parties* » (des fêtes de l'échec !), cela aidera votre équipe à décomplexer les erreurs.

PRODUIRE PLUS AVEC LA MÊME ÉNERGIE

Selon la taille, les budgets et les compétences de votre équipe, la quantité de vos projets sera limitée. Si vous voulez en faire plus avec la même quantité d'énergie disponible, vous devrez investir dans votre structure et votre équipe. Embaucher, développer votre équipe et ses processus, voire licencier.

Pour bien gérer l'énergie de votre équipe, il faudra prendre en compte le niveau d'incertitude, les capacités et compétences de chacun, le temps et budget disponibles, etc. Il faut savoir que chacun a sa vitesse naturelle et qu'il ne faut pas la forcer. Il n'est pas non plus possible d'aller plus rapidement que la vitesse moyenne de l'équipe et nous ne pouvons être responsable de la vitesse d'une autre personne. Contrôler, forcer la vitesse et la gestion du temps d'une autre personne est aliénant. Voici toutefois quelques prérequis pour aider son équipe à accélérer sa vitesse sans utiliser plus d'énergie ou demander de faire des heures supplémentaires.

Distribuer les projets et responsabilités

Divisez la charge de travail afin que les tâches et les responsabilités correspondent à des niveaux d'urgence différents. Par exemple : donner à un collaborateur une seule priorité ou un projet qui doit être terminé à une date fixe et un deuxième projet avec des responsabilités sur des éléments importants, mais non urgents.

Avoir plus d'un projet permet de répartir son temps et ses priorités. Si l'un des projets est bloqué, on peut travailler sur l'autre. Les périodes de vide entre deux projets sont aussi parfaites pour réfléchir et travailler des projets à délais lointains.

Ne pas « sous-staffer » ses équipes

Il ne faut pas qu'un projet prenne 100 % du temps. Il faut permettre une certaine fluidité, garder la possibilité de tomber malade, ou de partir en vacances. D'abord, il est épuisant de travailler constamment sur une seule urgence. Et puis, si le projet n'est pas motivant, il y a encore plus de risques de s'épuiser. Sans compter que si tous les membres de l'équipe sont à leur maximum, il sera impossible d'augmenter la cadence.

Répartir les projets et responsabilités comme mentionné au-dessus donne la possibilité d'augmenter la vitesse d'un projet sans changer l'équipe (les projets secondaires vont simplement ralentir).

Se poser les bonnes questions

Surtout, demandez-vous si tous les projets doivent être gérés de la même façon. Par exemple, est-ce qu'un calendrier est essentiel pour tous les projets ? Il suffit parfois d'organiser des sessions de présentation sur l'avancement des projets. Rappelez-vous que certaines personnes ont des préférences différentes au niveau de la gestion de projet et du temps.

Mettre à profit les rendez-vous individuels

Lors de des rendez-vous individuels, demandez toujours au collaborateur si ses projets l'intéressent. Vérifiez l'alignement avec les fréquences qui le stimulent. Demandez-lui aussi si sa charge de travail est correcte. Cela vous donnera un indice sur la vitesse : est-elle bonne pour votre collaborateur ? Vous allez remarquer que certaines personnes semblent toujours en avoir trop ! Il faut les aider à trouver le bon équilibre, leur apprendre à dire non, ou à bien déléguer.

Une fois que vous avez ces prérequis, vous pouvez mettre en place les bons réflexes pour produire plus sans gaspiller d'énergie, ni pour vous ni pour votre équipe.

Les bons réflexes

Identifier et mesurer

Identifiez ce que vous voulez améliorer, que cela soit le nombre moyen de réponses à vos clients par jour, de pièces fabriquées, de rapports d'analyse... Le tout par unité de temps (année, mois, semaine, etc.).

L'accélération de la vitesse peut aussi passer par la réduction de certains éléments, comme le nombre d'incidents/accidents, de corrections, d'heures supplémentaires, le volume de déchets...

Cette première étape d'identification et de mesure est très importante pour suivre l'évolution de vos améliorations. Soyez vigilant toutefois car dès qu'une mesure devient un objectif, elle cesse d'avoir un effet positif. La mesure doit rester un outil d'analyse, et non pas un objectif en soi.

Commencer petit

Pour aller plus vite, il n'est pas nécessaire d'avoir l'outil et la méthode parfaite dès le début. En fait, il est même mieux de procéder par étapes. Faites d'abord de petits changements et observez l'effet. Cette création de mouvement va probablement générer un effet boule de neige. Parfois, en ne se déplaçant qu'un petit peu, on découvre tout un monde d'options. Ce qui motive à continuer le processus d'amélioration.

Lean : identifier les pertes de temps et le gaspillage

Si vous travaillez en production manufacturière, vous connaissez probablement déjà la notion des 7 gaspillages, issue de la méthode de gestion de projet Lean. Cette méthode, créée au début des années 1960 par le japonais Taiichi Ohno pour l'entreprise Toyota, a permis de définir 3 grandes familles de gaspillage :

- *Muda* (tâche sans valeur ajoutée, mais acceptée)
- *Muri* (tâche excessive, trop difficile, impossible)
- *Mura* (irrégularités, fluctuations)

Au sein du *Muda*, il a été défini 7 gaspillages :

1. Surproduction
2. Surstockage ou stocks inutiles
3. Transports et déplacements inutiles

4. Surprocessing ou traitements inutiles
5. Mouvements inutiles
6. Erreurs, défauts et rebuts
7. Temps d'attente et délais

Auxquels, selon certains, on pourrait en ajouter un 8e : la sous-utilisation des compétences. Et un 9e selon notre approche : la sous-utilisation du pouvoir du temps.

Identifiez-les dans vos processus et éliminez-les.

Partager les bonnes pratiques

Pour aller plus vite, apprenez de l'expérience des autres : échangez avec vos collègues sur vos façons de travailler ; demandez à vos amis, votre réseau de partager leurs apprentissages ; instaurez avec l'équipe des périodes d'échanges et de partage pour stimuler l'amélioration continue ; lisez des articles, des livres, puisez dans d'autres méthodes.

Pour travailler plus vite avec la même quantité d'énergie, il ne faut pas être pressé. Il faut prendre le temps de comprendre son environnement, bien l'analyser et tester de nouvelles façons de faire. Si vous êtes en mode urgence, sans répit, il faut ralentir pour identifier ce qui est important. Investissez ensuite sur l'amélioration continue de vos méthodes de travail.

Regrouper et combiner

Si vous ne savez pas par où commencer pour mettre des systèmes et processus en place, et avant de vous lancer dans la standardisation et l'automatisation, le plus sûr est de commencer par regrouper. Repérez les tâches répétitives qui reviennent souvent dans le quotidien de votre équipe : est-il possible de regrouper des tâches ?

Cela permet aussi de briser la routine, de développer l'esprit d'équipe, et d'améliorer les processus. Vous pouvez même organiser un hackathon pour régler des problèmes d'organisation d'équipe ou tester de nouveaux outils. À la fin, présentez les apprentissages et décidez en groupe si vous voulez mettre en place les nouvelles méthodes identifiées. En plus de travailler à l'amélioration, vous favoriserez le développement des relations dans l'équipe.

Créer des procédures

Créez et actualisez les procédures. Vous pouvez même faire des procédures vidéo ! Il n'est pas nécessaire que toutes les procédures soient à l'écrit. La création de ces procédures peut également accélérer l'intégration des nouveaux membres dans l'équipe.

Pratiquer

La pratique aide à travailler plus vite. Mais le mieux est de répéter des méthodes efficaces ! Alors demandez-vous : est-ce la bonne méthode ou existe-t-il un autre moyen plus efficace ? Si vous n'en voyez pas, alors, *go !*

Voilà, vous êtes parés, vous avez tous les outils pratiques ! Ne reste plus qu'à apprendre à gérer l'incertitude.

GÉRER L'INCERTITUDE, EN TEMPS NORMAL ET EN TEMPS DE COVID

Il est impossible de prédire le futur à 100 %, une surprise peut toujours survenir. La pandémie est venue nous le rappeler dernièrement... Ce qu'il faut savoir, c'est que plus votre défi sera grand, plus il y aura d'incertitude. Vous devrez donc apprendre à gérer l'incertitude tout au long de votre carrière, et ce à des niveaux d'échelle différents. En tant que gestionnaire d'équipe spécialisée dans le développement de nouvelles technologies pour des industries émergentes, j'ai eu la chance de travailler dans des environnements très incertains. Je vous en dis plus sur ce qu'il faut mettre en place dans vos équipes.

Apprivoiser l'incertitude

Bien souvent l'incertitude provient d'une source particulière, d'un manque de clarté dans la définition du projet et des objectifs, d'options à multiples inconnues, ou encore d'un défaut de connaissances.

Voici quelques questions à vous poser dans ce cas :

- Qu'est-ce qui vous inquiète dans l'incertitude ? Peur de ne pas arriver à rendre le travail ? Générer de fausses attentes auprès de vos collègues et

chefs ? Peur de les décevoir, de leur causer des soucis ?
- Avez-vous bien compris la demande ?
- Avez-vous peur que vos erreurs vous empêchent d'atteindre vos objectifs ?
- Votre niveau de connaissances vous semble-t-il limité ?
- Doutez-vous de vos capacités ? Si oui, pourquoi ?
- Avez-vous le pouvoir d'influencer le résultat ?

Dès que l'on identifie la source de l'incertitude, il devient plus facile de mettre en place un plan et de fournir des outils à son équipe. Identifiez à présent votre quantité de mouvement disponible pour y faire face : Êtes-vous épuisé à la fin d'une journée ? Votre charge est-elle trop importante ? Votre incertitude vous semble-t-elle insurmontable ?

Selon votre niveau d'énergie, aux niveaux individuel et collectif, vous aurez la capacité de gérer une incertitude plus ou moins élevée. Plus l'incertitude est grande, plus vous devrez donc faire attention à ne pas surcharger votre équipe et à l'épuiser.

Faire face

Il faut créer un environnement et des systèmes qui créent du mouvement, comme ceux que nous avons vus dans la première partie de ce livre. Avec cet environnement stable, votre équipe pourra s'appuyer et dégager de l'énergie. Une équipe non préparée ne pourra pas faire face à autant d'incertitudes et d'imprévus, puisqu'elle devra utiliser son énergie à comprendre un environnement instable.

Pour aider votre équipe à faire face aux incertitudes, suivez ces étapes :

- Créez la structure de votre département.
- Listez vos objectifs SMART, SMART + ou S +.
- Identifiez les manques dans les compétences et prévoyez des formations pour les combler.
- Mettez en place des processus et des méthodes de travail qui stimulent l'apprentissage et la collaboration.
- Encouragez vos collaborateurs à avoir un état d'esprit de croissance (« *growth mindset* ») et à devenir polyvalents.
- Idéalement, en période de grande incertitude, votre équipe devrait être formée depuis longtemps et avoir déjà travaillé ensemble. Une équipe qui se connaît bien sera plus apte à gérer l'incertitude, puisqu'elle n'aura pas besoin d'utiliser une partie de son énergie pour apprendre à se connaître. Si votre équipe est nouvellement formée, donnez-leur des projets plus sûrs afin de développer leur cohésion d'équipe.

Toutes ces astuces vous permettront de créer un mouvement, car dès qu'il y a un mouvement, on peut percevoir des tendances, une direction. Et petit à petit, on percevra mieux ou l'on se dirige et on aura confiance en nos capacités d'équipe à surmonter des défis.

Communiquer

En période d'incertitude, la communication est primordiale. Réfléchissez à ce qu'il est important de communiquer et à qui vous voulez le communiquer. Lorsque le futur est incertain, chacun peut vivre son incertitude différemment et à des niveaux d'intensité divers. Alors plus on partage en groupe ce que l'on comprend, plus on éclaircit la situation.

Chaque apprentissage, chaque décision, peut avoir un impact important si vous évoluez dans un environnement à haut niveau d'incertitude. N'hésitez pas à être très transparent dans votre communication et vos prises de décisions et à inviter l'ensemble de votre équipe à faire de même.

Tester

Une erreur fréquente que j'observe souvent dans mes équipes en période d'incertitude est la tendance à vouloir contrôler tous les détails. Plus l'incertitude est grande, plus on a tendance à se fixer sur les détails que l'on connaît. Un beau design, une architecture parfaite... On ne sait pas, alors on prend énormément de temps avant de se lancer, de peur de commettre une erreur. Mais on oublie que, pour y arriver, il faudra y aller par étapes, il faudra tester.

Vouloir atteindre le résultat final avant même d'avoir commencé revient en quelque sorte à ne pas accepter l'incertitude de la situation. C'est négliger l'incertitude en pensant que l'on peut définir la fin avant même d'avoir commencé, tout faire parfaitement dès le début. C'est une erreur, lancez-vous tranquillement et voyez comment ce processus vous apporte des informations au fur et à mesure. Si vous essayez de tout faire parfaitement dès le début, vous risquez de ne jamais commencer. Acceptez qu'il faille commettre des erreurs pour apprendre et aller dans la bonne direction.

Oser rêver !

En période d'incertitude, il ne faut pas négliger les pauses, la relaxation et... le rêve. Rêvez à ce que serait votre futur idéal. Cette visualisation pourrait vous inspirer lorsque les décisions seront difficiles. Mais surtout, vous aurez beaucoup plus d'énergie !

S'adapter en contexte Covid

On l'a vu avec la pandémie : l'incertitude a changé beaucoup de choses dans nos vies. Dans tout ce que nous avons dû ajuster, le télétravail est notamment un point majeur. Il a stimulé la mobilité de la main d'œuvre et il est maintenant plus accepté que l'on puisse travailler partout dans le monde.

Le télétravail a aussi obligé les équipes à changer leur dynamique et façon de travailler. Plus d'appels en vidéoconférence, moins de discussion à la machine à café... Les connexions humaines en ont pris un coup. Il est fort probable d'ailleurs que les nouveaux membres de l'équipe aient très peu croisé leurs collègues.

Et le contexte continue et continuera d'évoluer. Certaines entreprises ont même décidé de supprimer leurs bureaux : chacun chez soi, plus de bureaux physiques ! D'autres, au contraire, demandent à leurs collaborateurs de venir régulièrement au bureau. Nous n'avons aucune idée de ce que le futur nous réserve, mais en tant que manager leader, vous pouvez malgré tout vous préparer sur certains points.

Les bureaux

Des entreprises décident de mettre en place le système des « bureaux volants », ce qui fait qu'ils ne sont plus privés, personnalisables. Il faut peut-être alors repenser les lieux communs, vérifier que les chaises et les bureaux soient confortables ; créer des endroits qui favorisent les échanges plus informels, comme une machine à café, une salle de jeu, de relaxation, de massage, une terrasse... Faites tout ce qui est en votre pouvoir pour stimuler les déplacements et les contacts entre les membres de votre équipe. Ajoutez des plantes ou d'autres éléments qui rendent le lieu plus accueillant, pourquoi pas des toiles et œuvres d'art inspirantes ? N'hésitez pas à impliquer les membres de votre équipe dans cette réflexion.

Les horaires

Est-il nécessaire de travailler 100 % en même temps que ses collègues ? Discutez avec votre équipe des moyens qui pourraient vous permettre de travailler de façon asynchrone, si cela peut être une bonne chose pour les uns et les autres. Cela peut donner une flexibilité supplémentaire. Décidez des périodes de travail synchronisé et fixez les délais de réponse. Par exemple, si vous envoyez un mail en soirée car vous n'avez pas travaillé l'après-midi, assurerez-vous que l'équipe ne se sente pas obligée de répondre immédiatement.

Les réunions hybrides

L'alternance télétravail/présentiel génère des réunions hybrides. Certaines personnes sont à la maison ou ailleurs, pendant que d'autres sont au bureau. Il faudra donc améliorer continuellement les équipements dans les salles, pour veiller à la qualité de ce type de réunion hybride. Les technologies vont continuer à évoluer et, qui sait, vous serez peut-être en appel hologramme un jour ?!

Parlez en équipe des bonnes pratiques pour que ce genre de réunions soit le plus inclusives possibles. Rien de pire pour l'engagement que d'être à la maison, de voir son équipe échanger et de ne rien comprendre à ce dont ils parlent ! Et difficile d'interrompre un groupe de personnes qui discutent dans un même endroit alors que vous n'êtes pas sur place... Prenez donc l'habitude de résumer les conversations, et n'hésitez pas à demander l'avis des personnes qui sont en télétravail.

Un autre élément à ne pas négliger est la vitesse de la réunion : elle sera différente si la rencontre se fait en télétravail ou en présentiel. Les personnes en ligne pourraient donc avoir des difficultés à suivre. Faites des pauses, demandez si c'est clair.

Les départs

La pandémie a ouvert les esprits à d'autres façons de travailler et beaucoup décident de quitter leur entreprise ou de privilégier le télétravail. Par conséquent, l'entreprise doit rester ouverte sur les conditions de travail pour éviter de perdre de bons éléments.

Discuter avec votre équipe pour comprendre ce qui les motive et vous assurer qu'ils aiment leur travail. Dans les arrivées de nouveaux collaborateurs, ne négligez pas l'« *onboarding* », ce temps nécessaire à l'embauche de vos nouvelles recrues. Soyez conscient que les entrevues sont importantes et auront un impact sur la constitution de votre équipe.

Plus on organise et on guide son équipe, plus elle sera donc en mesure de vivre avec l'incertitude et d'être créative et innovante. Alors soyez proactif et aidez vos équipes à créer une structure et un environnement propice à la performance.

CONCLUSION

Vous voilà arrivé au terme de ce voyage dans le temps ! Vous connaissez maintenant la méthode qui vous permet de faire un alignement temporel. Vous êtes désormais non seulement un véritable voyageur du temps, mais surtout un manager leader. Vous avez acquis tous les fondamentaux pour devenir proactif dans votre travail, apprendre du passé, être à l'écoute du présent et visualiser le futur. Vous l'aurez compris, le temps est la clé, le secret des managers qui réussissent.

Les bonnes habitudes, les structures claires font du temps votre allié. Les mauvaises habitudes et le manque d'organisation font du temps votre ennemi. Apprendre à voyager dans le temps c'est apprendre à s'organiser et augmenter ses chances de succès. Grâce au temps, vous savez comment mettre en place tous les processus et systèmes nécessaires à la création ou à la reprise d'une structure ou d'un département, quels outils utiliser et quelle organisation choisir pour guider les équipes à relever les défis et dépasser les incertitudes.

Vous avez compris les principes physiques sur lesquels doit s'appuyer le manager : chercher à être sur la même longueur d'onde que ses interlocuteurs, ajuster sa fréquence et sa vitesse, changer de point de vue, s'assurer d'être toujours dans le mouvement, tout cela avec le bon niveau d'énergie. Il est donc question de faire des choix et de miser sur ses forces.

Dans ce livre, j'ai dû faire des choix et limiter la quantité d'information que je pouvais vous partager. J'aurai pu vous parler de l'embauche, des mises à pied et plans de redressement, ou encore de la gestion des conflits… Si vous avez envie de continuer à apprendre, je vous invite à vous inscrire sur mon blog : laclecestletemps.com

Attention toutefois, pas question pour autant de devenir un leader parfait ! La perfection n'existe pas, nous cherchons juste à aller vers une meilleure version de nous-même. Soyez le leader que vous êtes et continuez à vous développer.

Alors maintenant que vous savez comment utiliser la quatrième dimension, sortez des sentiers battus ! Soyez équilibré, innovant, engagé !

REMERCIEMENTS À LESLIE JACQUET

Leslie Jacquet est le deuxième regard sur les concepts et les idées que je présente. D'origine française, elle a immigré il y a plus de 25 ans au Québec. Assistante exécutive expérimentée, sa curiosité et son amour de la lecture l'ont incitée à s'associer avec moi, afin qu'elle m'aiguille dans mes choix de vocabulaire, d'exemples... Tout ceci dans le but que les concepts que je présente soient accessibles à tous, y compris aux non-initiés à la physique, tout en gardant une touche québécoise, appréciée des français !

TABLE DES MATIÈRES

Introduction 7
La clé, c'est le temps 11
Le guide du voyageur 13
Du passé vers le futur 14

PARTIE 1 : APPRENDRE DU PASSÉ 17

Apprendre à se connaître 21
Les 4 types de manager 21
Le manager chef d'équipe 22
Le manager fonctionnel 24
Le manager business 25
Le manager exécutif et CEO 26
Que gérer selon son profil ? 27
Connaître son état naturel 30
Une question d'énergie 30
L'état naturel positif ou négatif 31
Comment changer son état naturel ? 34
Procrastiner 37
Comment ne plus procrastiner ? 38
Le biais des dualités 41
Faut-il changer ses biais ? 48
Les angles morts 49
Détecter un angle mort 50

Contourner un angle mort 53
Les sauts quantiques, ou l'art de raconter des histoires 54
De l'importance des histoires 56
Éviter un saut quantique 58

Créer et structurer son équipe 63
Structurer son département 65
L'importance de la structure 65
Créer la structure de son département 67
Répartir les responsabilités 78
La matrice RACI 79
Inventer un système d'intelligence 81
Comment développer votre système d'intelligence ? 84
Les étapes-clés 85
Créer des processus solides 92
Qu'est-ce qu'un processus ? 93
Les éléments-clés d'un processus 97

PARTIE 2 : ÊTRE À L'ÉCOUTE DU PRÉSENT 107

Se connecter 111
Communiquer en temps réel 112
Les signaux d'une bonne communication 112
Le secret : la longueur d'onde 116
Développer ses relations 121
Définir les priorités 121
Assumer sa vulnérabilité 122
Les 4 styles de management 126
L'urgentiste 127
Le planificateur 131
Le stratégiste 134
Le visionnaire 137
S'ajuster en fonction de son profil 141

Guider son équipe 145
Bien planifier les réunions 145
Axe n° 1 : Maîtrisez le timing 146
Axe n° 2 : Préparez le contenu 146
Axe n° 3 : Prévoyez les imprévus 149
Axe n°4 : Annoncez le passage d'un jalon 150
Savoir présenter ses idées 150
L'art de la synthèse 152
Savoir se placer 153
Savoir évoluer 155
Déléguer 157
Fréquence 158
Vitesse 160
Énergie 160
Identifier les équipes 164
L'entreprise comme un corps humain 165
Éviter les doublons 166
La chambre d'écho 168
Stimuler l'engagement de son équipe 173
Montrer l'exemple 173
Rester naturel 174
Être à l'écoute 175
Gérer les différences de perception 176
Accepter les mauvaises nouvelles 176
Stimuler l'amélioration continue 177
Lâcher prise 177
Faire des retours 178
Utiliser les forces de l'équipe 181
Mettre à profit les intérêts personnels 182
Accepter l'imprévu 183

PARTIE 3 : VISUALISER LE FUTUR 187

Se développer 191
La bonne vitesse pour lancer ses projets..............................191
Le « *burn out* », aller trop rapidement..............................192
Le « *bore out* », aller trop lentement..................................193
Ralentir 194
S'inscrire dans le mouvement 198
Trouver son « m » et son « v »...199
Trouver le « m » et le « v » de son équipe..........................200
Travailler ses forces et faiblesses 201
Les vertus de la répétition...203
Étape 1 : Observer son cycle naturel 204
Étape 2 : Inclure des actions du bonheur............................204
Étape 3 : Créer sa routine 205
Étape 4 : Avoir de la discipline 207
Créer une vue d'ensemble 208
Étape 1 : Lister ses objectifs 209
Étape 2 : Lister ses projets et activités................................209
Étape 3 : Associer les projets et activités aux objectifs 210
Étape 4 : Inscrire votre vue d'ensemble dans le temps...211
Étape 5 : Évaluer la situation 211
Étape 6 : Passer à l'action...212

Leader 215
Décomposer le temps...216
Définir les objectifs, la méthode SMART.............................219
SMART : le court terme..220
SMART + : le moyen terme...222
S + : le long terme 225
L'écart-temps...226
L'innovation..227
La théorie MAYA, ou l'importance du passé.......................229

Réduire l'écart-temps 230
Établir un plan pour se synchroniser 232
Définir un plan 232
Construire son plan 234
Les aléas du plan 239
Établir son budget 240
Bien construire un budget 241
Ancrer son budget 243
Créer un calendrier annuel 245
Lister les événements récurrents 245
Synthétiser les informations dans un tableau 246
Créer son calendrier 247
Partagez le calendrier avec l'équipe 247
Consulter régulièrement le calendrier 247
L'amélioration continue : le diagramme de Pareto, ou le 80/20 248
Savoir repérer l'important 249
Concentrer ses efforts 250
L'erreur comme moteur de la croissance 251
Les conséquences d'une politique du « sans erreur » 252
L'erreur au cœur de l'équipe 254
Produire plus avec la même énergie 255
Distribuer les projets et responsabilités 255
Ne pas « sous-staffer » ses équipes 256
Se poser les bonnes questions 256
Mettre à profit les rendez-vous individuels 257
Les bons réflexes 257
Gérer l'incertitude, en temps normal et en temps de Covid 261
Apprivoiser l'incertitude 261
S'adapter en contexte Covid 265

Conclusion 269
Remerciements à Leslie Jacquet 271

Cet ouvrage est composé de matériaux issus de forêts bien gérées certifiées FSC®, de matériaux recyclés et de matériaux issus d'autres sources contrôlées.
Le Forest Stewardship Council® est une organisation internationale non gouvernementale qui encourage une gestion écologiquement adaptée, socialement bénéfique et économiquement viable des forêts de la planète. Pour en savoir plus, consultez le site www.fsc.org

FSC
www.fsc.org
MIXTE
Papier | Pour une gestion forestière responsable
FSC® C022829

Achevé d'imprimer en avril 2022
sur les presses de la Nouvelle Imprimerie Laballery
58500 Clamecy
Dépôt légal : juin 2022
N° d'impression : 204123

Imprimé en France

La Nouvelle Imprimerie Laballery est titulaire
de la marque Imprim'Vert®